新时代广东高校立德树人工作研究系列

编委会

主　编：朱孔军

编　委（以姓氏笔画为序）：

　　　　王　岩　　左鹏军　　刘志文　　刘志铭　　刘科荣

　　　　陈金龙　　林伟涛　　胡庭胜　　蒋达勇

广东省教育科学规划课题（党的十九大精神研究专项）丛书之
新时代广东高校立德树人工作研究系列

GUANGDONG GAOXIAO KEYAN YUREN GONGZUO YANJIU

广东高校科研育人工作研究

主　编◎刘志铭
副主编◎张宏宝

广东高等教育出版社
Guangdong Higher Education Press
·广州·

图书在版编目（CIP）数据

广东高校科研育人工作研究/刘志铭主编. —广州：广东高等教育出版社，2022.11

［广东省教育科学规划课题（党的十九大精神研究专项）丛书之新时代广东高校立德树人工作研究系列］

ISBN 978-7-5361-7257-9

Ⅰ．①广… Ⅱ．①刘… Ⅲ．①高等学校－科学研究－人才培养研究－广东 Ⅳ．①G641②G322

中国版本图书馆 CIP 数据核字（2022）第 091192 号

出版发行	广东高等教育出版社
	地址：广州市天河区林和西横路
	邮政编码：510500　电话：（020）87551597
	http://www.gdgjs.com.cn
印　刷	广东海洋印刷有限公司
开　本	787 毫米×1 092 毫米　1/16
印　张	9.25
字　数	143 千
版　次	2022 年 11 月第 1 版
印　次	2022 年 11 月第 1 次印刷
定　价	35.00 元

总　　序

　　培养什么人、怎样培养人、为谁培养人，这是教育的根本问题。2018 年 5 月 2 日，习近平总书记在北京大学考察时指出："培养社会主义建设者和接班人，是我们党的教育方针，是我国各级各类学校的共同使命。高校只有抓住培养社会主义建设者和接班人这个根本任务才能办好，才能办出中国特色世界一流大学。"这一论断既明确了我国教育的根本任务和使命，又指明了中国特色社会主义大学的办学方向和方法。培养社会主义建设者和接班人，关系到"两个一百年"奋斗目标的实现，关系到中国特色社会主义事业的兴衰成败，关系到党的千秋伟业。只有将培养社会主义建设者和接班人置于这样的高度来认识，才能领悟高等教育担负的责任和使命。

　　国无德不兴，人无德不立。立德才能树人，要培养社会主义建设者和接班人，首先要培养其良好的道德品质和思想政治素养。2016 年 12 月，习近平总书记在全国高校思想政治工作会议上强调："要坚持把立德树人作为中心环节，把思想政治工作贯穿教育教学全过程，实现全程育人、全方位育人，努力开创我国高等教育事业发展新局面。"这是高校思想政治工作的新理念、新思路、新机制。就学校而言，单靠思想政治理论课教学科研部门、学生工作部门，或单靠思想政治理论课教师、辅导员，难以完成立德树人的任务。为完成这一任务,需要专业课教师与思想政治教育工作者、其他管理部门与管理工作者协同配合、互联互通。事实上,学校的每一位教职工都担负着育人的职责,每一个部门都具有育人的功能。2017年12月,中共教育部党组印发的《高校思想政治工作质量提升工程实施纲要》,对构建课程育人、科研育人、实践育人、文化育人、网络育人、心理育人、管理育人、服务育人、资助育人、组织育人的内容、载体、路径和方法进行了顶层设计,建构了新时代全程育人、全方位育人的新格局,拓宽了育人的空间和视野。

广东地处改革开放的前沿,也是意识形态斗争的前沿。一方面,改革开放和市场经济的发展,引发了高校学生思想观念、价值取向、生活方式的变化,全国高校思想政治工作遇到的一些新情况、新问题,广东高校往往首先遇到,如何引导学生并解决这些问题,需要先行一步进行探索。另一方面,广东毗邻港澳,连通海外,西方社会思潮在中国传播,往往借助广东登陆,广东成为各种社会思潮的集散地、中转站,对高校学生的思想和行为造成较大冲击。如何避免受西方社会思潮的负面影响,抵御西方国家的意识形态渗透,成为广东高校思想政治工作的难点。

改革开放以来,广东高校围绕"立德树人"这篇大文章进行了积极探索,新理念频生,新方法频出,育人方式日益多样化、立体化,既有效化解了广东高校思想政治工作遇到的困难和问题,又为全国高校思想政治工作积累了一定经验。在中共广东省委教育工委、省教育厅的领导下,组织编写"广东省教育科学规划课题(党的十九大精神研究专项)丛书之新时代广东高校立德树人工作研究系列",旨在立足中国特色社会主义新时代,系统总结广东高校"十大"育人体系建构的基本理论、具体实践、主要成效与基本经验，以进一步加强和改善新时代广东高校立德树人工作。由于各种育人方式有其特殊性，本系列研究的内容不尽相同，但大体保持了一致的问题域和体例。比如，对各种育人方式的理论基础、目标、内容、资源、方法、平台、机制、保障、评价、队伍建设等方面进行了系统阐释，呈现了广东高校"十大"育人体系建构的生动实践。

本系列编写过程中，力求实现理论与实践、历史与现实、一般与具体、全国与广东的有机结合，使本系列具有鲜明的特点。

其一，理论与实践相结合。各种育人方式有其独特功能，在社会主义建设者和接班人培养过程中处于不同地位、发挥不同作用，丛书从理论层面对各种育人方式的功能、目标、内容、资源进行了系统分析，诠释了各种育人方式的理论基础。同时，各种育人方式侧重实践操练，本系列对各种育人方式的方法、平台、机制、保障、评价等问题进行了深度阐释，有着十分清晰的实践指引和导向。

其二，历史与现实相结合。各种育人方式的建构经历了从局部试点到全面铺开的过程，是实践中不断探索、不断完善的结果，凝聚了广东高校实践探索的智慧，丛书力求呈现广东高校"十大"育人体系建构的历史。现实由历史发展而来，梳理历史的目的是为了诠释现实。本系列对广东高校立德树人的研究侧重于各种育人方式现实的把握，力求在摸清现状的基础上，针对各种育人方式存在的问题，提出进一步优化和改进育人方式的对策和举措，以提升新时代立德树人的实效性。

其三，一般与具体相结合。本系列对广东高校"十大"育人体系的研究，既有一般层面的分析，又有具体案例的呈现。各种育人方式有共性问题，也存在个性差异，不同层次、不同类型、不同地域的高校，其做法并不完全相同，由此使各种育人方式的实践呈现多样性，并形成了一些典型案例。如在《广东高校管理育人工作研究》一书中，作者选择了华南师范大学、汕头大学等高校管理育人的典型案例，既增强了本系列的可读性，又增强了本系列的说服力。

其四，全国与广东相结合。本系列主要聚焦广东高校"十大"育人体系的建构，具有明显的地域特征。但在诠释广东高校各种育人方式时，能置于全国的大背景下来分析，凸显了广东高校"十大"育人体系探索的宏观意义。

中国特色社会主义进入新时代，高校思想政治工作迎来了好时机，也对高校思想政治工作提出了新要求。新时代高校思想政治工作要取得实效，需要进一步完善"十大"育人体系，将"十大"育人体系有机融合起来，形成新时代立德树人的合力和"大思政"的格局。

2019 年 7 月 18 日

前　言

　　科研育人是培养中国特色社会主义事业接班人和合格建设者、提高高等教育质量的必然要求，是我国实施创新驱动发展战略和建设创新型国家的现实需要，也是高校落实立德树人根本任务和推动全员育人、全过程育人、全方位育人的有效载体。党的十八大以来，习近平总书记就高校立德树人问题做出了一系列重要论述。2016年12月，习近平总书记在全国高校思想政治工作会议上提出"三全育人"理念，他强调"要坚持把立德树人作为中心环节，把思想政治工作贯穿教育教学全过程，实现全程育人、全方位育人，努力开创我国高等教育事业发展新局面"。2017年2月，中共中央、国务院印发了《关于加强和改进新形势下高校思想政治工作的意见》（以下简称《意见》），明确提出要"坚持全员全过程全方位育人。把思想价值引领贯穿教育教学全过程和各环节，形成教书育人、科研育人、实践育人、管理育人、服务育人、文化育人、组织育人长效机制"。2017年12月，教育部制定《高校思想政治工作质量提升工程实施纲要》（以下简称《实施纲要》），提出要"切实构建'十大'育人体系"，构建"科研育人质量提升体系"，并明确提出了"发挥科研育人功能，优化科研环节和程序，完善科研评价标准，改进学术评价方法，促进成果转化应用，引导师生树立正确的政治方向、价值取向、学术导向，培养师生至诚报国的理想追求、敢为人先的科学精神、开拓创新的进取意识

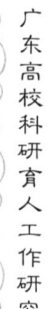

和严谨求实的科研作风"。

作为新时代"三全育人"的有机组成部分,科研育人在"十大"育人体系中起到极为重要的作用。从大学科研育人的实践来看,教师"全员"中有从事科研工作及将科研成果转化为教学内容的教师,学生"全程"中有科研实践及相关的实验和调研活动,学校"全方位"中有作为大学基本功能的科研职能和科研工作。可以说,科研育人是落实"三全育人"的主要手段和实然路径。西方发达国家的大学在发展过程中,曾经出现过重科研、轻教学的现象。由于我国现代大学发展历史较短,加之近些年我国高等教育的赶超发展,我国大学的科研与教学相分离、与人才培养相割裂的现象更为严重,主要表现为一些大学为了应对学校排名、科研成果数量等现实压力,将科学研究作为单方面的指标追求,甚至采用量化的手段来追求科研效应,从而忽视了科学研究的育人本质,科研资源不能有效地转化为教学资源,科研远离教学、甚至冲击教学和育人工作。本书从高等教育变革的历史和现实出发,从大学的发展和大学功能的演进剖析科研在人才培养中的地位和作用,为我国高校科研育人构建理论基础,并从理论上阐述我国高校中科研育人的地位和功能,分析当前我国高校科研育人的现状和挑战,总结和提炼出新时代普通高校和职业院校科研育人的途径,最后提出完善高校科研育人制度的机制保障。

广东地处改革开放前沿,国际交流频繁,思想意识多元活跃,高校类型多样,在校大学生人数多,中共广东省委、广东省人民政府历来高度重视高校思想政治教育工作,积极贯彻落实《意见》和《实施纲要》,创新工作理念和方式方法,努力打造南粤理论高地,争做高校思政工作的"排头兵"。近年来,广东高校在科研育人的实践探索中取得了丰硕的成果。作为广东省教育科学规划课题的最终成果,本书在选取高校科研育人的案例时较多地采用了广东高校的案例，同时也选取了国内外高校科研育人的典型案例。本书的编写意义一方面在于总结高校科研育人的举措、经验和挑战，另一方面在于探索高校科研育人的新机制和新途径，更好地解决我国高校"培养什么人、怎样培养人、为谁培养人"的问题。

本书编写由课题组集体完成，具体分工为：刘志铭负责课题提纲的草拟和编写第一章第一节，张宏宝编写第一章第二至第四节，陈芸编写第二章，彭连清编写第三章，杨爱平、郭惠武和杨志江编写第四章，邹文编写第五章，何颖珊编写第六章，由刘志铭、张宏宝对全书进行统稿、定稿。

在编写过程中，我们参阅了大量有关科研育人的文献资料，得到了广东省教育厅思想政治工作与宣传处的大力支持，谨此表示衷心感谢。

本书编写组
2022 年 5 月

目　录

第一章　高校科研育人的理论基础 / 1
　　第一节　高校科研育人的历史考察 / 1
　　第二节　科研育人的概念与内涵 / 5
　　第三节　科研育人的理念与范式 / 10
　　第四节　科研育人的机理 / 14

第二章　高校科研育人的作用和功能 / 20
　　第一节　高校科研育人的重要作用 / 20
　　第二节　高校科研育人的主要功能 / 24

第三章　高校科研育人的现状及其存在的问题 / 36
　　第一节　国内外高校科研育人的探索与实践案例 / 36
　　第二节　我国高校科研育人存在的主要问题 / 53
　　第三节　我国高校科研育人功能不足的主要原因分析 / 57

第四章　新时代普通高校科研育人的途径：以广东高校为主的分析 / 60
　　第一节　"科教融合，学术育人"的教学模式创新 / 60
　　第二节　科研（训练）过程育人 / 67
　　第三节　科研规范育人 / 75
　　第四节　科研载体育人 / 79
　　第五节　产学研结合育人 / 82
　　第六节　科研推动创新创业教育 / 85

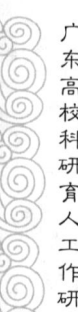

第五章　新时代广东高职院校科研育人的途径 / 94
　　第一节　科研育人在高职院校人才培养中的作用和意义 / 95
　　第二节　广东省高职院校在科研育人方面的探索 / 99
　　第三节　新时代广东省高职院校科研育人存在的困境及挑战 / 105
　　第四节　新时代广东省高职院校进一步强化科研育人的途径 / 108

第六章　完善高校科研育人的制度机制保障 / 113
　　第一节　高校科研育人的动力机制 / 114
　　第二节　高校科研育人的管理体制 / 117
　　第三节　高校科研育人的评价机制 / 118
　　第四节　高校科研育人的激励机制 / 121
　　第五节　高校科研育人的教学科研融合机制 / 122
　　第六节　高校科研育人的保障机制 / 124

参考文献 / 129

第一章
高校科研育人的理论基础

大学的起源为高校科研的孕育提供了母体,而科研的育人功能在大学功能和高等教育的演变过程中也逐渐得到重视和拓展,为此国内也有不少学者试图阐述科研育人的概念与内涵,并对其理论体系进行建构,同时探索科研育人的理论基础和育人机制,从而更加彰显科研的育人功能,推动科研育人实践。但从总体上看,目前国内学界对科研育人理论体系的建构,尚未形成规模和体系。科研育人的理论体系建构事关科研育人实践的方向及效度,应在吸收国内外相关研究的基础上,建构相对完善的高校科研育人理论体系,从而为科研育人实践提供理论支撑。

第一节　高校科研育人的历史考察

现代大学的直接源头是欧洲中世纪的大学,这也是欧洲中世纪留给现代的最重要的文化遗产。中世纪大学以法国的巴黎大学、意大利的博洛尼亚大学为最早,都出现于 12 世纪,这两所大学也可称为中世纪大学的原型。其他的大学如英国的牛津大学、剑桥大学,意大利的萨勒诺大学,德国的海德堡大学、科隆大学等,都是中世纪大学的典型代表。中世纪大学与宗教密不可分,其早期的组织形态是寺院形态,13 世纪发展为教堂形态,之后演变为基尔特（行业组织）形态，并逐渐从宗教中解放出来。就当代的大学而言，牛津大学和剑桥大学可能是最保有中世纪大学古典特征的。

自大学产生以来，大学的功能和理念在社会发展中发生了重大的变化。① 中世纪大学受到基督教的主导和控制，表现为典型的"象牙塔"，其主要功能是人才培养，即提供经院主义课程的教育教学，其最典型的代表即是巴黎大学。17世纪以后，大学越来越远离社会现实的需求，成为落后保守的机构。在此之后，第一个给大学系统地刻画明确的图像并阐述其功能和理念的是担任爱尔兰都柏林新天主教大学校长约翰·纽曼于1852年出版的《大学的理念》。纽曼认为，大学是一个提供博雅教育（liberal education）、培养绅士的地方（虽然他也认为大学可以训练职业人才）。他认为，大学的主要目的是教学，传授学问，大学是传授普遍性知识的场所，是一切知识和科学、事实和原理、探索和发现、实验和思索的高级保护力量等。他强调大学传授的不应该是实用的技术知识，而应提供以文理科知识为主的博雅教育；大学是训练和培养人智慧的机构，大学讲授的知识不应该是对具体事实的获得或实际操作技能的发展，而是一种状态或理性（心灵）的训练。纽曼的大学理念是"教学的机构"，是培育人才的机构，这也是大学"人才培养"功能的由来。

19世纪初以后，大学的理念和功能开始发生巨大的转变，这一转变来自德国。德国著名的教育家洪堡在1809—1810年担任教育大臣期间，提出大学应具有相对独立性和学术自由，大学的教学与研究具有统一性。由他倡导创办的柏林大学，提出大学自治、学术自治，追求教学和科学研究相统一，这使得科学研究的功能在大学中得以确立。柏林大学的新理念是以大学为"研究中心"，教师的首要任务是从事"创造性的学问"。这一大学理念与纽曼的理念迥然不同，因为它所侧重的是"发展"知识而非"传授"知识。当然，大学仍把教学看作是重要的功能之一。德国的大学新理念逐渐扩展到欧洲各国，并对美国的大学形成根本性影响。美国现代大学的先驱者、教育家弗莱克斯纳对德国的大学新理念进行了系统性的阐述。在

---

① 王亚南. 大学理念的发展、功能及其当代启示［J］. 南京师大学报（社会科学版），2009（3）：97-105.

1930年的《现代大学论》一书中,他特别强调"现代大学"有别于早他七十几年的纽曼的"大学"。弗莱克斯纳指出现代大学的理念:大学是有意识地献身学术、寻求知识、解决问题的机构。他肯定"研究"对于大学的重要性,肯定"发展"知识是大学的重大功能之一,并赋予它与"教学"以同样重要的地位,即大学的目的不只在创造知识,也在培育人才。他赞成大学应该探讨关于自然、社会、美学、宗教等种种知识,但反对大学训练"实务人才",反对大学开设职业训练的课程。他强调大学应该是"时代的表征",但大学不应该随社会的风尚、喜恶而改变,大学不应该是"象牙塔",但应严肃地、批判地把持一些长久的价值意识。在他的影响下,美国大学的兼容了英、德二者的大学理念,一方面承继了德国的大学重研究之传统,另一方面也承继了英国的大学重教学之传统,出现了美国大学的研究院与大学本科的二重结构,并成为影响当今世界各国大学的模式。在弗莱克斯纳之后,人才培养和科学研究便成为大学的两大基本功能。

在美国高等教育发展的同时,美国的大学也在对大学的功能进行扩展。1904年,担任威斯康星大学校长的范海斯提出大学要为社会服务的理念,认为"州的边界就是大学的边界"。范海斯认为,大学要积极主动地为地方经济发展服务;大学要成为向社会传播知识的重要场所,大学的任务应是培养学生成为有知识、有专长的公民;发展知识;把知识传播到人民群众中去。这一理念也就是著名的威斯康星思想。为此,范海斯确立了大学必须为社会或社区服务的理念,认为教学、科研和社会服务都是大学的主要职能。随着社会服务功能的不断扩展,大学与社会的联系越来越广泛、越来越密切,大学的社会价值和作用得到最直接的体现,使得现代大学开始超越象牙塔,走向社会的中心,成为整个社会中最具活力、最能代表时代前进方向的机构。

到了20世纪80年代,美国当代著名高等教育家、哈佛大学第25任校长德里克·博克在《走出象牙塔:现代社会的社会责任》一书中进一步明确地表述了大学在人类社会发展中的历史地位。他强烈呼吁现代大学应走出象牙塔,超越象牙塔,为社会服务,自觉地以其新思想、新知识和新文化引导社会前行,确立了大学引导社会发展的理念。

从以上对大学理念发展的简要梳理可知,从中世纪大学的发端,从爱尔兰的纽曼到德国的洪堡,再到美国的弗莱克斯纳、范海斯、博克等,大学的理念不断得到发展,从最初仅着眼于培养宗教人才到培养绅士的"博雅"教育,发展到注重"教学与科研并重",即人才培养与科学研究相统一的理念,随着大学从经济社会的边缘逐步走向经济社会的中心,又出现了"服务社会"及"引领社会"的大学理念。

与理念发展并行的是,大学的功能也在不断扩展。从大学的历史发展来看,洪堡1809年提出"教学和科研的统一性"原则、将教学和科研形成"一种连续发展的统一体",并同费希特、施莱尔马赫等人创办全新的柏林大学以实践这一新原则,开创了大学教学与科研两项职能与使命并驾齐驱的新局面,科研育人这一大学新的使命也登上了历史舞台。作为新人文主义者,洪堡强调培养人的理性和道德,即培养所谓的"完人"。[①] 这种人"想象力生机勃发、精神深邃、意志坚强、整个言行一致",他们一生都"永远处于研究的过程之中",表现出对探索未知和真理的渴求。这些品质是"人的真正价值"所在;教育的目的,就是激活这些品质,并把它们"最充分地和最均衡地培养为一个整体"。洪堡认为,"教育这一最好的途径无可争辩地在于:它仿佛把一切可能解决问题的办法都提出来,仅仅使人作好准备,自己去从中找出最巧妙的解决办法,或者最好是仅仅从对一切障碍适当的描述中,自己去发明这种解决办法"[②]。洪堡指出,在大学中最能体现这种"自己发现问题自己寻找解决办法"的方法,就是科研,"大学的真正成绩应该在于使学生有可能或者说它迫使学生至少在他一生中有一段时间完全献身于不含任何目的的科学,从而也就是献身于他个人道德和思想上的完善"。

把科研引进大学必然会带来整个教学过程的根本改观。首先,这改变了教学过程的性质。科研减少了传统教学的依附性和权威性,提高了教学

[①] 周川. 从洪堡到博耶:高校科研观的转变 [J]. 教育研究, 2005 (6): 26 - 30,61.

[②] 洪堡. 论国家的作用 [M]. 林荣远,冯兴元,译. 北京:中国社会科学出版社, 1998: 40.

过程的独立性和自由度。其次，这改变了师生关系。洪堡认为探索未知的强烈愿望，原则上应该同样地存在于大学教授和学生身上。教授和学生以同样的方式共同致力于研究，教授作为已知者和研究者，学生则作为求学者和研究者。再次，这改变了具体的教学组织形式。由实验室、"习明纳尔"（英文 seminar 的音译，意为学术研讨会、学术研讨班）中的探索和研讨取代刻板的讲课听课。洪堡坦言，"在大学中，听课只是次要的事情；重要的是，使学生与情趣一致、年龄相同以及具有自觉性的人紧密合作"，进行研究。这些变化导致的最终结果是，教学过程与研究过程合二为一，达到高度的统一：教学过程科研化，科研过程教学化；最好的研究者也就是最好的教师。① 洪堡的"教学和科研的统一性"成为此后各国大学信奉的理念和追求的目标，至今仍对世界高等教育的人才培养模式产生深刻的影响，将科研置于教学的核心环节、科研与教学相结合、科研反哺教学、吸收和引导学生进入科研训练成为各国大学人才培养的内在要求。

第二节　科研育人的概念与内涵

人才培养是高等教育的根本任务，而无论大学生知识水平的培养还是德育素质的提升，都必须依靠教育，尤其是德育必须依靠教学与科研过程中品德的熏陶。因此，要倡导科教融合，充分发挥科研育人的作用，实现教学与科研的互动，以科研带动教学，以教学促进科研，共同提高高等教育的质量。而要发挥科研育人的作用，首先要对科研育人的概念与内涵有深刻的认识。

一、科研育人的概念界定

国内涉及科研育人的概念与内涵阐述主要有学界研究论述和相关政策文件论述两条主线，综合两种概念与内涵界定的具体论述，从总体上看，科研育人是指从人才培养的视角出发，让学生在有效参与科研活动的过程

---

① 周川. 从洪堡到博耶：高校科研观的转变［J］. 教育研究，2005（6）：26 - 30,61.

中形成高尚的思想品德和健全人格，通过科研与教学的互动互补，促进学生德智体美劳全面发展的教育活动。

从相关政策文件的解读来看，2015年，中共中央办公厅、国务院办公厅《关于进一步加强和改进新形势下高校宣传思想工作的意见》，在原有"三育人"体系的基础上，增加了"科研育人"和"实践育人"的论述，"科研育人"的概念与内涵也首次正式出现在中央关于高等教育的重要指导文件中，初步构建了"五育人"的体系和格局。时至2017年，中共中央、国务院《关于加强和改进新形势下高校思想政治工作的意见》，进一步明确提出要"坚持全员全过程全方位育人"的思想，把思想价值引领贯穿教育教学全过程和各环节，致力于形成"教书育人、科研育人、实践育人、管理育人、服务育人、文化育人、组织育人"长效机制。

2017年年底，为认真学习贯彻党的十九大精神，进一步把贯彻落实全国高校思想政治工作会议，并把《中共中央 国务院关于加强和改进新形势下高校思想政治工作的意见》精神引向深入，大力提升高校思想政治工作质量，教育部制定《实施纲要》，提出要"切实构建'十大'育人体系"，明确提出构建"科研育人质量提升体系"，并对科研育人的概念与内涵进行了深入阐述，明确提出了"发挥科研育人功能，优化科研环节和程序，完善科研评价标准，改进学术评价方法，促进成果转化应用，引导师生树立正确的政治方向、价值取向、学术导向，培养师生至诚报国的理想追求、敢为人先的科学精神、开拓创新的进取意识和严谨求实的科研作风"的概念与内涵。

关于科研育人的内涵，可以概括为以下四种观点①：第一种观点认为，科研育人是指通过科研引导、科研训练、科研成果等载体，使学生获取知识，提高能力素质。柳太平（1995）认为，科研育人是指学生在参加科研过程中，通过选题的确定、研究思路的形成、研究方案的设计、研究结果的说明等科研环节训练中增长知识和提高能力。李淑清（2000）认为，科

---

① 杨兆强. 三十余年来我国科研育人研究的总体状况、进展及趋势：基于CNKI"科研育人"论文（1988—2020年）的统计分析［J］. 继续教育研究，2021（6）：143-149.

研育人是指综合运用别人的科研成果和自己的科研成果达到育人的目的。第二种观点认为，应把科研育人与思想政治教育紧密结合，科研育人是指通过一系列科研活动，促进学生掌握科学文化知识，提高学生的思想政治素质和道德品质，提升学生的精神境界。骆郁廷（1997）认为，应将思想政治教育寓于科学研究活动之中，结合科研过程中对学生进行思想政治教育，在提高学生科研水平能力的同时，提高学生的思想道德素质。刘建军（2015）认为，应从不同的学科视角审视科研育人，学生不仅要掌握科研方法，还要有科学精神、科研道德和科研作风的优良品质，更要有满腔的爱国情怀和远大的理想抱负。第三种观点认为，科研的教育性与教育的科研性是内在统一的关系，科研应与教学紧密联系，教学促进科研，科研反哺教学。黄秋燕（2008）认为，科研育人是指通过科研探索新知识，及时更新教学内容，组织学生参与科研实践。第四种观点认为，要理解科研育人是什么，必须从多个维度去解析科研育人。潘广炜和赵亚楠（2019）从育人理念、育人方式、育人过程等三个维度解析了科研育人的内涵。李小平和刘在洲（2019）从哲学视角分析了大学科研育人的逻辑根基。刘在洲和李小平（2020）从发生学的视角分析了科研育人的生长基因、发生源头、逻辑起点、驱动条件和心理机制。随着学者们对科研育人研究的深入，科研育人的内涵也在不断丰富。

从总体上看，科研育人是指从人才培养的视角出发，让学生在有效参与科研活动的过程中形成高尚的思想品德和健全人格，通过科研与教学的互动互补，促进学生德智体美劳全面发展的教育活动。

二、科研育人的内涵特征

立德树人是科研育人的根本内涵特征。高校是以培养人才为根本任务的地方，理应育德为先。大学从诞生起人才培养就是大学的根本使命，科研活动应服务和支撑人才培养。在某种意义上看，高校的科学研究本身就具有教育性的特征，是通过科研的过程对学生精神的锤炼、品德的培养和人格的塑造，在提升学生科学素质的同时彰显"育德"功能，是人才培养的重要载体和实现路径。

科研育人是新形势下高等教育改革的时代召唤，高校肩负着培养社会主义现代化建设者和接班人的重任，是要培养"德才兼备"的新型人才，而科研育人恰好是培养"德才兼备"新型人才的重要载体。科研要素有机融合进课堂，把最新的科研成果和学术前沿呈现在教学过程中，能够丰富和更新学生的知识体系；有效参与科研活动的过程，能够开阔学生的学术视野，锻炼思辨意识和思维能力，增强团队协作和集体意识。从本质上看，科研育人是通过有效的科研参与突出对学生"育德"的过程，与高校"德育为先"根本理念是高度一致的。

从世界范围来看，科研与人才培养的结合也越来越受到重视。美国的大学最早推行本科生科研。1969年，麻省理工学院玛格丽特·麦克维卡创立了"本科生研究机会计划"，支持本科生参加科研工作，将本科生科研融入教学和课堂。由此引发的本科生科研概念受到了世界范围内的广泛关注，英国高等教育学院出版的《发展本科生科研与探究》一书，结合广泛的国际案例研究，展示了世界各学术机构和国家系统对北美本科生科研概念的借鉴和发展。科研与人才培养的相互结合，使科研得到有效参与，激发学生的"自主式学习""探究式学习"方式，并促进个人道德素养的提高和人格的健全发展。

从国内高等教育实践看，立德树人、德育为先是新时代中国特色社会主义大学的根本特征。高校工作的中心应围绕"培养什么人、怎样培养人、为谁培养人"这一根本问题展开，高校科研应该承担起"培养人"的重要职责，要通过科研活动促进学生思想政治素质和科学素质的提高、人格素质的完善，成为高校思想政治工作的重要方式和途径。大学作为国家创新体系的重要组成部分、服务区域经济社会发展的主力军、高层次人才培养的主阵地，其科研工作与其他研究机构相比，具有自身的独特性和复杂性。在实施创新驱动发展战略中，大学承担着基础研究与前沿技术研究的重要任务，并通过基础研究产生新认识、创造新理论、传播新知识，发挥着"顶天"的作用。更为重要的是，大学作为高等教育机构，所开展的科学研究应与培养人才这个第一使命相结合。即便是研究型大学，其根本属性仍然是高等教育机构，核心任务仍然是"育人"。科研与育人相结合，是大学科研活动的特点和优势。① 同时，大学的科研活动紧密围绕经济社会发展需求，通过应用研究与开发服务经济社会发展和民生需求，还承载着"立地"的责任。高校人才培养和科学研究是显著相关的，人才培养与科学研究始终交织在一起，高校既是教育中心，同时也是科研中心，越是发展态势好的大学，这种相关性越显著，科研育人的功能发挥越出色。在新时代，更加充分地发挥科研育人的功能，是高校发展的重要趋势和必然要求。

在高校思想政治工作"十大"育人体系之中，科研育人与课程育人、文化育人、网络育人、心理育人、管理育人、组织育人等其他育人方式相比，有着突出的内在特征。具体表现为以下四个特点②：①鲜明的实践性。科研育人与传统的教书育人相比，最大的不同在于教师需要通过科研这一载体来培养学生的科研能力、科研道德、科学精神和科研作风等。本质上看，科研活动是一种特殊的人类劳动，而人类劳动最基本的特征便是具有实践性。由于科研过程的不确定性，学生在参与科研活动时需要投入更多的时间和精力去搜集、整理、加工和分析相关的文献资料，需要对各种实验进行反复的操作与练习，最后经过自己不断的实践而得出的结论更具有成就感。②突出的主体性。科研育人是一项主体性很强的活动，具有双向互动性，必须注重科研育人中教师主导性与学生主体性的作用发挥。从学生这个教学要素看，科研育人能够激发学生的主体性，一方面学生在科研方向、选题依据、资料收集、项目论证、实验操作等方面需要自己主动去做；另一方面，学生在科研过程中能够锻炼各方面的素质，比如科研进展中的抗压与抗挫折能力以及科研成果产出的获得感与自信心等。总而言之，科研育人在提升教师科研水平和增强教师育人职责的同时，能够激发学生在科研过程中的主体性，更有助于高校人才培养目标的实现。③深入的探索性。科研本身就是一种探索，是对事物内在规律探究的一个过程。科研育人既增强了科学性和信息量，又增加了教师自主探索的特点。科研选题

---

① 王小梅. 高校科研评价应与自身使命相适应[N]. 人民日报，2015-07-21(16).
② 杨兆强，翟家慧. 高校科研育人的内涵、特征及价值[J]. 中国农业教育，2021，22(3)：67-73.

的方向、研究思路的形成、研究方法的运用、研究方案的设计与实施、研究结果的预测与说明等一系列科研过程，都充满着不确定性，都非常具有探索性的意蕴。科研育人的探索性特征十分明显，这也是科研育人与其他育人方式最为明显的不同。④潜在的引导性。科研育人的潜在引导性主要体现在教师的个人魅力和优良品质对学生的教育引导以及教师通过系列科研活动对学生的教育引导这两个方面。

第三节 科研育人的理念与范式

科研育人的理念随着大学功能的演化，逐步在西方高等教育体系中形成了较为成熟的范式。国内高校科研育人的理念，则伴随国内高等教育的发展，在借鉴西方高等教育发展经验的基础上，立足中国实践和特色，逐步形成中国特色社会主义科研育人的理念与范式。

一、国外科研育人理念与范式

国外相对成熟的科研与人才培养相结合的理念及范式发展的逻辑起点主要聚焦于高等教育职能演变的过程中，尤其是 19 世纪大学复兴的过程中，科学研究逐渐成为大学的一个重要职能。从不同国家和不同大学发展类型来看，基于不同国家所处的发展阶段、历史背景和客观实际不同，以及各所大学的办学层次和办学理念不同，在各国大学实践中科研育人的表现形式也有所不同，其中最为典型的是以英国牛津大学、剑桥大学为代表的科研育人与教学育人融为一体化模式；以德国柏林大学为代表的科研育人与教学育人双轮驱动模式；以美国威斯康星大学为代表的科研育人在研发与推广中实践模式，直接影响着科研育人在大学中的理念与范式。

（一）科研育人与教学育人一体化模式

此类模式以牛津大学、剑桥大学等历史悠久的传统大学为代表，其典型特征是科研育人并非作为一种独立的存在形式，而是蕴含在教学的过程中，更多的是一种教学育人的补充。这一类模式在很大程度上把人才培养作为大学最重要的职能甚至是唯一职能，科研只是暗含在教学中发挥着育人功能的。其典型的运行模式就是学院制和导师制，学院立足通识教育，不区分学科，导师作为学生在校的直接监护人，教师和学生生活在一起、学习在一起，在共同探讨答疑中更新知识，共同进步，办学目的在"教书"的同时更强调彰显"育人"的功能，更重视培养品德兼修、学识渊博、体魄强健的"绅士"。从本质上看，这种模式较为突出地强调通识教育是包括科学在内所有知识的融合，实验与思辨、探索与发现，这本身是科研的过程，也是科研育人的过程。

（二）科研育人与教学育人双轮驱动模式

此类模式以柏林大学等强调科研职能的大学为代表，其典型特征是把科研作为一种重要的功能与人才培养并驾齐驱，科研育人与教学育人同时作为一种相互关联的独立形式而存在。在这种模式下，科研育人作为一种重要的职能光明正大地走到大学的"前台"，遵循"科研和教学的统一性"原则，使科研正式成为大学除教学外的一个重要职能。在此类模式下，大学办学的普遍性特征包括教学与科研相统一的原则，独立、自由与合作相统一的原则以及科学统一的原则。① 这三大原则的内涵实质上与科研育人的思想和观点密切关联。首先，教学与科研相统一的原则要求科研与教学紧密结合，每个学科领域都应当重视科学研究，大学教师既是教育者也是研究者。其次，从独立、自由与合作相统一的原则上观察，"大学自治""学术自由"保障了科学研究顺应科学自然发展的规律，不受限于政府，不依附于国家，不带有政治因素和经济利益，同时赋予师生充分的学术和科研自由，甚至"为科学而活"，不仅尊重知识的独创性也有利于科研育人功能的发挥。最后，科学统一的原则主要是指理论与实践相统一。这就要求以实事求是与严谨至善的原则和精神开展科研活动。通过对前人研究成果的验证，在实践中检验真理，发现问题，通过重新探索实验，最终达到理论与实践的统一，从而在完善和丰富科学知识的过程中，提升师生的研究能力和修养，达成科研育人的目的。

（三）科研育人在研发与推广中实践模式

此类模式以威斯康星大学等强调社会服务职能的大学为代表，作为大

---

① 张愿. 高校科研育人的现实困惑与实现对策［D］. 荆州：长江大学，2017.

学服务社会职能演进的重要阵地，威斯康星大学的科研育人更注重于在研发与推广中实践。1848年，以"赠地学院"形式创建的威斯康星大学，其鲜明的宗旨就是为该州提供先进的教育并将研究成果推广应用，从而拓展了大学服务社会的功能。此类模式的一个重要特征是强调高等教育既要保存、传授和发展高深学问，更要承担起为社会服务的职能，在服务社会的过程中体现大学价值。以威斯康星大学的创建为标志，大学真正意义上走出了象牙塔，服务于政治、经济、社会的发展。此类模式强调通过科学研究活动将知识运用到实践，传授可以解决政治、经济等方面问题的方法。科研育人更倾向于面向社会发展，解决实际问题，在解决问题过程中实现育人目的。从本质上看，"威斯康星模式"下的大学科研育人转向了实践环节。这种服务社会的过程，从根本上看也是人才培养的过程，是科研育人功能最终在实践中的表现和升华，是科研成果转化为人力资源的过程。

二、国内科研育人理念与范式

从国内高等教育发展的实践来看，对科研育人理念与范式的认识总体上经历了教学中融入科研元素—教学科研并重—科教融合三个不同的发展阶段。当前，从国内高校的实践来看，科研育人的理念和范式正力图在借鉴国外高等教育科研育人经验的基础上，立足中国特色，立足立德树人，构建的一种综合型科研育人模式。这种综合型的科研育人理念与范式在近年来的中央和教育部文件中得到了突出体现。

2015年，中共中央办公厅、国务院办公厅《关于进一步加强和改进新形势下高校宣传思想工作的意见》，在原有"三育人"体系的基础上，增加了"科研育人"和"实践育人"的论述，"科研育人"的概念与内涵也首次正式出现在中央关于高等教育的重要指导文件中，初步构建了"五育人"的体系和格局。时至2017年，中共中央、国务院《关于加强和改进新形势下高校思想政治工作的意见》，进一步明确提出要"坚持全员全过程全方位育人"的思想，把思想价值引领贯穿教育教学全过程和各环节，致力于形成"教书育人、科研育人、实践育人、管理育人、服务育人、文化育人、组织育人"长效机制。

2017年年底，教育部制定《实施纲要》，提出要"切实构建'十大'育人体系"，明确提出构建"科研育人质量提升体系"，并对科研育人的概念与内涵进行了深入阐述，明确提出要"发挥科研育人功能，优化科研环节和程序，完善科研评价标准，改进学术评价方法，促进成果转化应用，引导师生树立正确的政治方向、价值取向、学术导向，培养师生至诚报国的理想追求、敢为人先的科学精神、开拓创新的进取意识和严谨求实的科研作风"。

从国家层面指导和推动科研育人的政策文件以及国内各级各类高校科研育人实践观察，在突出中国特色和思想政治教育工作的基础上，各类不同层次的高校因科研职能在本单位的定位不同，而在科研育人的理念与范式上，存在"嵌入型"和"融合型"两种不同的模式。

（一）嵌入型科研育人模式

这种模式主要是在教学过程中嵌入科研的模块，让科研元素在教学过程中发挥育人作用。这类模式广泛存在于教学型高校和职业技术院校。就此类高校的实际而言，学校科研实力本身并不强大，在很大程度上只是作为一种教学的辅助模块而存在。这种模式的突出特征实质上就是教学过程中的科研教育，重在以科研活动中科研参与、科研方法的学习、科学精神和科研报国精神的引导等载体，通过精神的熏陶，氛围的影响，教师以身作则潜移默化的作用，引导大学生树立正确的政治方向、价值取向、学术导向，培养大学生至诚报国的理想追求、敢为人先的科学精神、开拓创新的进取意识和严谨求实的科研作风，从而达到育人的目的。

（二）融合型科研育人模式

这种模式主要是在科研过程中嵌入育人的模块，让育人功能与科研过程融合，从而发挥育人作用。这类模式广泛存在于研究型和研究教学型高校。就此类高校的实际而言，学校科研实力本身比较强大，科研是其重要的功能，有着较为频繁的科研活动，科研本身作为一种强势的功能存在。这种模式的突出特征实质上就是将育人功能融合在科研活动中，融合在科研环境中，融合在科研成果的应用和实践中，重在以科研活动全链条的参与，形成强大的科学精神影响力、感染力，引导大学生树立正确的政治方向、价值取向、学术导向，培养大学生至诚报国的理想追求、敢为人先的科学精神、开拓创新的进取意识和严谨求实的科研作风，从而达到育人的目的。

第四节　科研育人的机理

高校科研育人的机理主要遵循人的成长规律，以教育学、心理学等理论为支撑，蕴含于科研活动参与、科研方法学习应用和科研结果转化应用等，这一系列科研活动具体环节参与过程就是科研育人的过程。通过参与科研过程，从而实现对学生正确人生观、价值观、世界观的引导，塑造学生的良好品质，健全学生的心理素质。在科研过程中研究方法的学习和应用，不仅丰富学生的知识素养，更为重要的是培养学生思维能力、动手能力和处理问题能力，是对学生运用能力的培养和综合能力的开发。科研结果在某种程度上是对学生运用科研方法解决研究问题的印证，科研结果有助于开阔学生的视野，有助于激励学生再攀高峰的斗志。

一、科研过程的育人机理

科研过程的育人机理实质上就是遵循环境熏陶、精神引领、榜样激励等德育的过程机制。习近平总书记指出，培养什么人，是教育的首要问题。科研过程的育人机理核心就在于以什么样的理想信念引领学生。习近平总书记围绕坚持立德树人根本任务，提出了诸如"理想指引人生方向，信念决定事业成败。没有理想信念，就会导致精神上'缺钙'""青年一代有理想、有担当，国家就有前途，民族就有希望，实现我们的发展目标就有源源不断的强大力量""广大青年一定要坚定理想信念""把理想信念建立在对科学理论的理性认同上，建立在对历史规律的正确认识上，建立在对基本国情的准确把握上"等一系列新论断、新理念。[①] 科研过程的育人机理实质上就是立足中国特色，在科研过程中以科学创新精神、奉献拼搏精神、集体主义团队精神引领学生，使之形成正确的政治方向、价值取向和学术

---

① 王定华. 习近平总书记关于教育的重要论述之落实方略[J]. 教育研究，2019，40（6）：4-15.

导向。

(一) 以科学精神和创新精神引领学生

创新精神是一个国家和民族发展的强大动力,是一个现代人应具备的关键素质。科学研究是人类解释未知、拓展已知、追求真知的理性活动,科研活动的核心特征在于创新、在于创造,因而科研活动的过程实质上是一个追求创新和创造的过程,需要不断开拓进取、勇往直前。在科研过程中实现育人目标,实质上就是要培养学生立志高远、敢为人先和面向前沿、勇攀高峰的创新精神。"好奇心"是最好的学习动力,通过科学研究激发学生对未知领域探索的兴趣和创造能力,培养学生的好奇心,实现"自主式学习""探究式学习",从而提高学习和研究的有效性。通过规范的科研训练,培养提高学生应用科研知识来分析和解决实际问题的能力,在应用的过程中让学生进一步深化对理论基础的认识和把握。同时,科研是严谨的,容不得半点的马虎和敷衍。从事科研活动本身就对研究者有较高的学术道德要求,在科研育人的过程中应该突出对学生养成良好的学术道德和行为习惯的要求,必须用规范的学术道德约束学生。这既是科研活动必须恪守的行为准则,也是社会主义道德思想和原则在科研工作领域的现实要求和具体体现。通过科研过程中的道德引导和教育,引导大学生养成恪守学术道德规范的良好行为习惯,同时培养学生严谨治学的学风和独立思考、诚实守信的科学态度。

(二) 以拼搏精神和奉献精神感染教育学生

奉献精神是社会责任感的集中表现。奉献是一种态度,是一种行动,也是一种信念。真正的科研是一门学问,需要保有平常心,研究人员需全身心投入到所研究事物上,科研的追求应更多地看重科研过程而非科研结果,需要有不计名利、看淡得失的胸怀和态度。这就需要怀揣奉献于科研的精神参与科学研究。科学研究绝不是一种单纯的解剖分析和刻板的数据建模,而应该是一种在浩瀚的科学知识体系中凝结、汇聚研究者对国家、民族乃至全人类的责任担当。科研过程对人们道德品质的影响和精神境界的塑造,有着强大的渗透力和影响力,高校科研育人要立足于这种精神影响机制,让学生在参与科研过程中,感悟和培养大公无私、默默奉献的科研精神。同时，科研工作的复杂性和艰巨性本身就注定科研不是一蹴而就，而是需要不断拼搏进取、勇往直前的，科研过程中总会伴随出现各种困难、波折、挫折甚至是失败和反复，需要研究者潜心研究以及艰苦探索。这种拼搏精神的熏陶，能够培养大学生排除各种消极因素的影响，直面压力和挑战，正确对待困苦和挫折、成功与失败、批判与检验，在"胜不骄，败不馁"中培养矢志不渝的行为习惯和勇往直前、百折不挠的拼搏精神。

（三）以集体主义和团队精神启发学生

科研活动的本质特征决定了科研往往是一个团队的战斗，需要团队成员的配合与协作，需要发挥每一个团队成员的智慧和力量，"拧成一股绳"形成合力攻坚克难，从而取得更为丰硕的成果。科研活动中，科研参与者是否具备团结合作能力和较强的合作精神是科研活动成败的一个关键因素。在科研育人过程中，通过科研分工、科研团队组建等形式和载体，让学生深刻认识到集体主义和团队精神的重要性，在团队中相互借鉴，取长补短，互相鼓励，不断完善，培育他们积极参与合作的集体主义精神，不断增强团队荣誉感。同时，通过科研团队的展现平台，让学生学会包容、学会分享，将汇聚团队智慧的研究成果凝聚成为科研创新的动力源和能量源。综上所述，科研过程对培养人的品德、磨炼人的意志、提升人的心理素质都有着潜移默化的作用。

二、科研方法的育人机理

科研方法的育人机理往往体现在学习和正确运用科研方法的收获和价值思考上。研究方法是发现新现象、新事物，或提出新理论、新观点，揭示事物内在规律的工具和手段。这是运用智慧进行科学思维的技巧，是现代大学生创新能力培养的重要组成部分，是人才培养的重要内容。研究方法是人们在从事科学研究过程中不断总结、提炼出来的，大学生只有参与到科研过程中，不断总结，才能算真正意义上掌握科研方法，从而提高认识世界、改造世界的能力。

科学研究方法从本质上看，其本身处于不断相互影响、相互结合、相互转化的动态发展过程中，同时由于人们认识问题的角度、研究对象的复杂性等因素，目前，对科学研究方法的分类很难有一个完全统一的认识。而学界根据科学研究方法的地位和层次，把研究方法划分三个不同级别的方法，是一种比较具有代表性的观点。哲学方法是最上层的方法，一般研究方法在中层，下层是较为特殊的具体研究方法。这三个级别的方法三位一体，相辅相成，构成科学研究方法体系的有机整体。

（一）让大学生在科研过程中学习掌握哲学方法，形成科学的世界观

哲学是人类对自然、社会和思维知识的概括、总结和反思的一门学问，哲学既是世界观也是方法论。马克思主义哲学是科学的世界观和方法论，是现代文明的产物，是时代精神的精华，是人类优秀哲学思想的结晶。高校科研育人的重要职能就是要让大学生在科研过程中学习和掌握辩证唯物主义和历史唯物主义的基本原理，理解和掌握马克思主义哲学的对象、内容和作用等基本特征；了解马克思主义哲学的中国化及学习马克思主义哲学的目的和方法。辩证唯物主义是马克思主义的一种哲学理论，是把唯物主义和辩证法有机地统一起来的科学世界观。历史唯物主义是哲学中关于人类社会发展的一套理论，强调历史的所有事件发生的根本原因是物质的丰富程度，社会历史的发展有其自身固有的客观规律。高校科研育人要把哲学作为本质之学来学习运用，坚定马克思主义信仰、共产主义理想和中国特色社会主义信念，贯彻落实好立德树人这一教育根本任务；要把哲学作为规律之学来学习运用，主动发现规律、运用规律，用教育规律、人才成长规律指导教育改革发展；要把哲学作为方法之学来学习运用，自觉运用马克思主义哲学的方法论来指导实践；要把哲学作为明白之学来学习运用，让大学生学会自觉运用马克思主义哲学分析面临的问题，善于把握主要矛盾和矛盾的主要方面，掌握分析形势、把握大局的本领；要把哲学作为修身之学来学习运用，让大学生将改造客观世界和改造主观世界统一于修身的全过程中。

（二）让大学生在科研过程中学习掌握一般和具体研究方法，提高分析问题、解决问题的能力和水平

从一般层面而言，科研中主要用到分析与综合、归纳与演绎等基本方法。具体研究法主要是指在需要进行研究的某一领域，通过科学的逻辑方式，采用严密而规范的标准化程序和严谨的科研态度进行研究的某种特殊方法。学生在参与科研过程中，通过调查、分析、观察、综合、概括、总结等科研方法的应用训练，开阔学生的视野，突破原来的学习范围获得新的知识，培养学生勇于创造的学术道德。在此过程，学生不仅学习了科学的研究方法作为自身知识的扩充，理论上得到升华，同时也培养了缜密的逻辑思维能力、统筹规划能力、实践动手能力、应变和解决问题能力，做到辩证地看待事物并能够举一反三。

三、科研成果的育人机理

科研成果从某种意义上看是一种具有特殊意义的生产力，是国家的财富、智力的资源，是科研工作者辛勤劳动的结晶，是人类重要的精神财富和物质财富。在很大程度上，科研成果是科学研究任务完成与否、质量优劣，以及科研人员贡献大小的衡量尺度和重要标志。要让大学生在科研参与的过程中，科学认识科研成果，学习他人的科研成果，并经过努力获取自身的科研成果，使之最终达到育人的目的。

（一）让大学生学会理解和应用科研成果

科研成果是揭示事物发展客观规律的过程，是认识世界和改造世界的过程，是去伪存真的过程，其本身就是一个很好的"教材"，应让最新的科研成果进入课堂，让学生深入学习、理解科研成果的论断，把握最前沿的理论和应用知识，有助于培养学生正确的人生观、价值观和世界观。在科研育人的过程中，学生本身参与科研而产生的科研成果，这种科研成果由于本身的参与和体验，将牢牢地入脑入心，对学生的科学认知将产生重要的影响。而这种影响将进一步延展到学生的实际生活当中。学生将会用参与科研而得出的科研成果应用到日常生活当中，从而提高应用能力素质和水平，这对培养人的综合能力意义重大。

（二）加强对大学生的科研成果教育

科研处于时代的最前沿，要用最新的科研成果反哺教学，从而充实和丰富教学成果，让学生接触最新的前沿信息、最新的技术与知识，使之洞察和把握理论发展及科学技术发展的最新动态、趋势，有助于引导大学生科研内容朝着"面向世界,面向未来,面向现代化"的方向发展;让学生身处最新的科研前沿成果当中,有助于培养学生积极向上、勇攀高峰的精神状态和面向前沿、立志高远的思想认识,并激励其在科研领域取得进步和成绩。而从对国内外科研认知的层面来看,对于研究结果的认识,能使学生充分认识到在许多领域国内外研究水平和差距所在,认识到我们"领跑"的原创性科研成果并不多,大部分处于"并跑""跟跑"阶段,这有助于形成厚积薄发和居安思危的忧患意识,将激励学生充分认识到只有不断学习创造,才能跻身科研的最前端;激励学生以祖国的前途、社会的需要和个人的发展进行科研活动,增强为国家富强和人民富裕而刻苦钻研的斗志、激发努力发展现代科学技术的内在动力,增强实现中华民族伟大复兴的历史使命感和社会责任感。

第二章
高校科研育人的作用和功能

第一节　高校科研育人的重要作用

科研育人是指广大教育者在科学研究过程中培养教育对象的科研能力、塑造科研精神以及提升科研品德的综合教育过程，是有针对性地将教育对象培养成为新时代所需的高素质创新型人才的教育实践活动。

路易斯·埃尔顿通过对19世纪德国的"学术研究组织"到20世纪美国在研究生院的"先进的教学组织"的研究，论述了科研导向的教学和学习的重要性。国内学者姚江林在其文中论述科教融合的意义，科教融合既有效支撑创新人才的培养，又为科技创新注入新的活力，同时彰显资源整合优势。① 崔明德在《"科研育人"论纲》一文中提出"科研育人"是高校实施素质教育的要求。② 从人才培养方面看，钟秉林教授指出，大学的科研促进了学校学术实力的提升和育人氛围的优化，促进了教师学术水平和教

---

① 姚江林. 科教融合　提高高校办学质量 [J]. 中国高等教育, 2012 (5): 44-45.
② 崔明德. "科研育人"论纲 [J]. 烟台大学学报（哲学社会科学版）, 2001 (2): 220-225.

学水平的提升，促进了大学生创新精神和实践能力的培养。①

习近平总书记在全国高校思想政治工作会议上指出，要坚持把立德树人作为中心环节，把思想政治工作贯穿教育教学全过程，实现全员育人、全程育人、全方位育人，努力开创我国高等教育事业发展新局面。科研育人是实现高校全方位育人不可或缺的重要组成部分。当今社会科学技术发展迅速，知识更新日益加快，科学研究和人才培养的关系日趋紧密。对任何大学而言，育人是根本，科研是关键。因此，要在新时代背景下培养大批高素质创新型人才，不仅要更新学生的观念，更要将科研工作纳入人才培养之中，培养学生的创新精神、实践能力和团队合作意识，为实现中华民族伟大复兴的中国梦提供强大的人才保障和智力支撑。要充分发掘高校科研育人的潜能，对于培养高素质创新型人才、营造良好科研风气、呼应改革创新的时代要求具有十分重要的意义。

一、高校科研育人体现了时代变革创新发展的迫切要求

纵观人类文明发展的整个历史历程，创新有力地推动了人类文明的演进，对社会生产、生活产生了深刻的影响，是人类社会进步和发展的动力。科研育人体现了时代发展的迫切要求。当今世界，科技进步日新月异，新一轮科技改革和产业变革正在孕育兴起，变革突破的能力正在不断积累，科技成果不断涌现，科技创新已经成为时代发展的主旋律。我国想要在激烈的国际竞争中立于不败之地，必须大力加强科技创新工作。人才是改革创新最为关键的因素，是推动经济社会发展的战略性资源，创新的事业更是呼唤创新的人才。无论是建设创新型国家还是建设人力资源强国，都需要依托高校培养大量的高素质创新型人才。我国制定的《国家中长期科学和技术发展规划纲要（2021—2035年）》和《中国教育现代化2035》等，都对高校培养高素质创新型人才提出了明确具体的要求。人才培养是高校的基本职能和重要使命，能否培养高素质创新型人才，很大程度决定着我国能否在激烈的国际竞争中占据优势、赢得主动。高校科研工作广泛吸纳

---

① 钟秉林. 人才培养模式改革是高等学校内涵建设的核心［J］. 高等教育研究，2013，34（11）：71-76.

青年学生参与科研实践,从而培养具有创新意识、创新能力、创新精神的高素质人才,这些人才是适应时代改革创新发展、建设创新型国家的重要依托,因此高校科研育人体现了时代变革创新发展的迫切要求。

二、高校科研育人坚持了高等教育的培养方向

我国高等教育的目标原则和发展指向是培养高素质的社会主义建设者和接班人。在科技创新成为时代发展的背景下,培养科技创新人才是新时期贯彻高等教育培养目标的必然。高校承载着开展科学研究、推动社会进步的重要职能。高校是科学研究的场所,同时担负着人才培养的重任,科学研究和人才培养紧密关联、互为依托、相互影响。科学研究本身具有独特的育人功能,科研活动已经成为大学生接受科研训练、成长成才的重要依托,成为高校立德树人、引导大学生参与科研实践的重要载体。因此,做好高校科研育人工作,遵循了高等教育的培养方向,是培养担当民族复兴大任时代新人的重要途径。①

(一)高校的科研功能来源于人才培养的实际需要

从大学的职能演进历史可以看出,人才培养是大学的根本任务,教学是大学的基本职能,研究与社会服务是其扩展职能,三者之间相互联系和作用,教学、研究与社会服务是实现人才培养的手段,人才培养是大学的最终目的,居于学校工作的核心地位。科研功能不仅是适应育人的需求而产生的,而且其最终目的也是通过服务育人功能来促进大学发展和人类社会进步。现代社会的知识更新速度不断加快,社会发展所真正需要的不再是那种掌握习得性知识的传统人才,而是具有创新精神与自主学习实践能力、能够开拓创新的高素质人才。学生较早地参与教师的科研工作或进行自己设计的探究性原创科学研究,可以从中体验到原理应用于实践的乐趣,可以学习到发现问题、分析问题和解决问题的能力,可以从知识传授者身上体会到严谨的科学精神,还可以学会如何对待研究过程中出现的不确定性问题及需要采取的应对方案,从而使创新能力获得质的飞跃。人才培养

---

① 魏强,李苗. 高校科研育人论析[J]. 思想理论教育,2018(7):97-101.

是高等院校区别于其他行业领域的唯一本质特征，大学的一切工作，包括科研都应围绕人才培养展开。①

（二）高校的科研特点体现了人才培养的特殊要求

高校既是教育中心，也是科研中心。与一般科研单位或企业行业科研相比，高校具有双重任务，不仅具有科学研究的职能，也有人才培养的职能，育人和科研是高校的两大基本职能，这与高校本身的特点有关。首先，高校科研具有综合性的特点，高校在科研工作中实行几个学科（包括自然科学和社会科学）的联合，可以给学生提供高度综合性的知识和专业训练，对于学生的全面发展和综合素质的提高至关重要。其次，高校科研具有基础性的特点，高校的科研依托一批国家和教育部重点研究基地、重点实验室，基本上覆盖了目前已有的基础学科，在科学技术进步和高层次人才培养中发挥着越来越重要的作用。最后，高校科研具有前沿性的特点，高校汇聚了众多优秀的教学科研队伍，时刻与国内外其他科研机构保持着密切的交流和联系，时刻关注科学研究的前沿动态。这些都为高校掌握科学研究的前沿、获取创新成果提供保障，这些特点也在客观上适应高校培养创新型人才的需要。

三、高校科研育人是营造良好科研风气的关键

科研风气是人们在科研实践中形成的处于主流地位的环绕科研活动的风尚之气，一个社会的科研风气往往折射和影响一定社会的整体风气。参与高校科研实践的学生能否形成基本的科研操守、良好的科研道德、崇高的科学精神，既关系着学生自己的前途和命运，又直接影响着整个社会的科研风气。高校参与科研活动的青年学生，未来将在社会各个岗位发挥自己的力量。通过高校科研工作引导他们养成的基本科研操守、锤炼的高尚科学品格，对于他们不断弘扬科学精神，营造良好的科研风气乃至社会风气极为重要。②

---

①② 魏强，李苗. 高校科研育人论析［J］. 思想理论教育，2018（7）：97–101.

四、高校科研育人是拓宽大学生思想政治教育领域的需要

据有关统计,我国的科技精英多数集中于高等院校,其中"两院"院士在高校中的数量就占到了2/3,具有崇高学术名望、卓越学术成就、德艺双馨的专家教授可谓是高校的宝贵财富,学生不仅会崇拜他们的学术成就,其敬业精神、奉献精神、求知精神以及爱国精神都会对青年学生产生较深的影响,甚至他们的一举一动、衣着语调,都会引起学生的效仿。所谓时时事事处处皆有影响源,"师者,人之模范也",如果这些知名专家学者能在指导学生的科研活动中,注重把培养学生的科研方法、创新能力、创业能力与教育学生做人结合起来,无疑会对学生的思想观念产生直接的影响,思想政治教育的实效性也就能凸显出来。①

第二节 高校科研育人的主要功能

高校是培育人才的摇篮,学生不仅需要在高校全面学习专业知识,更重要的是学到更多为人处世的道理,培养自己正确的价值观、人生观和世界观。高校科研育人在"三全育人"格局中,不仅具有传统的思想政治教育内涵,与传统的思想政治教育方式和途径相比,科研育人还有一个重要而显著的特点,就是在思想政治教育过程中增强了科学性和信息量,也增加了学生自主探索的特点。高校科研育人的目标指向是培养学生至诚报国的理想追求、开拓创新的进取意识、敢为人先的科学精神和严谨求实的科研作风。充分发挥高校科研育人功能,要以科研过程育人、科研方法育人、科研成果育人为着力点。②

一、科研过程的育人功能

科研育人强调过程,通过师生学术共同体的建立,才能真正在教师与学生的对话交流中找到新的灵感与视野,获得知识的综合力量。任何一个

---

①② 李炎. 试论高校科研育人 [J]. 山西科技,2018,33 (5):79-82,85.

学术领域，如果它的成员远离学术共同体，分离很快就会导致孤立，甚至思想的枯萎。当前，我们的教育中不缺乏一致，而是缺少争论。没有富有意义的对话和争锋相对的批判，学术共同体就会失去进步的动力，理想追求就存在停滞的潜在危险。人的知识是在社会中不断建构起来的，它存在于人与人之间的活动和交往过程中，人们需要与他人进行不断的互动与磋商。学生应在浓郁的学术环境感染、熏陶下，积累知识，探讨观点，挑战权威，创新思想。因此，科研过程的育人功能体现在学生参与科研的整个过程，对学生良好品质的塑造、正确价值观的引导和健全心理素质的培养发挥着重要作用。①

（一）培养学生崇尚学术的品位

不管是认识论的高等教育哲学，还是政治论的高等教育哲学，都把学术作为大学安身立命的根本。大学首先是一个学术机构，学术性是大学赖以生存的、发展的基础，大学功能主要通过学术事务与活动实现。②

正如第一章所述，纵观高等教育的历史和现实，大学的职能经历了不同的阶段，从纽曼的知识传授，到洪堡的科学研究，再到范海斯的社会服务，及至21世纪的引领未来，都围绕着学术展开。学术性与大学相伴而生，失去对知识、科学、真理的执着和献身精神，大学就会迷失方向，就会失去自身。崇尚学术性的目的在于：有效限制政治、经济因素对大学的制约作用，保持大学特有的学术性。

尤其在当下，社会转型、高教转型以及大众化趋势裹挟下，大学"功利化"和"工具化"有愈演愈烈之势，"君子不器"的圣贤箴言已被置之脑后，这种困惑已引起有识之士的关注和忧虑，"钱学森之问"代表了他们共同的呼声。大学不是方向标，不能流行什么就迎合什么，在大学与现实的关系中，大学应具有自由性、独立性、批判性、包容性、超越性和理想性，以学术人立足于社会政治、经济领域，以学术人的视角关注、思考、讨论、

---

① 王静，李俊秀. 科研育人：高等教育变革的动力 [J]. 中国成人教育，2017 (8)：30－32.

② 吕立志. 崇尚学术：中国大学文化建设内在之魂 [J]. 高等教育研究，2011，32 (1)：14－18.

批判、引导社会,以学术能力和成果服务社会,才能把大学建设成为社会公认的学术思想、学术理论、学术精神、学术素养、学术成果中心。高校推进科研育人,有利于引导学生崇尚学术,培养学生的学术精神、气质、素养和品位,养成学生对"科研"和"学术"的认同、尊重和敬畏。[①]

(二) 培养学生的创新精神

习近平总书记在全国科技创新大会、"两院"院士大会、中国科协第九次全国代表大会上的讲话中提到,要"坚定敢为天下先的志向,在独创独有上下功夫,勇于挑战最前沿的科学问题,提出更多原创理论,做出更多原创发现,力争在重要科技领域实现跨越发展,跟上甚至引领世界科技发展新方向,掌握新一轮全球科技竞争的战略主动"。在新时代背景下,工作不是简单的重复性劳动,而是探索未知、发现新知的创造性劳动,必然需要具有开拓创新的进取意识,独立思考、攻坚克难的人才。创新是对科研工作的基本要求,只有坚持不断创新,才能不断探索新领域、发现新问题、解决新矛盾,才能充分体现学术价值,才能取得更大的学术成就。在我国高等教育及社会的转型时期,高校科研育人尤其要预防降低本科生的培养内涵。无持续学习和研究兴趣的人才难以适应知识转型加快的信息化社会,不能应对来自自身角色多样化、社会生活丰富性、文明进展曲折性、生态平衡冲突性带来的压力和挑战。因此,高校要培养具有创新创造能力的人才,创新创造能力培养一般包括用不同的方法和不同的观点解决和探索问题的能力、把常规方法应用于新情况的能力、确定完成任务的顺序和循序完成他们的能力、丰富的想象力、思路的新颖性和发明的才能、善于发现事物的新用途和研究的新课题、善于应用已有的知识和以往的经验等。[②] 高校的科研育人过程能通过科学研究实践引导学生提出新问题、积累新经验、关注新课题、探索新方法,敢为人先、勇于质疑、大胆探索,研究别人没有研究过的科学前沿问题,培养学生的创新精神。

[①] 陈明. 职能互补:大学"科研"对"育人"的促进作用 [J]. 湖北师范学院学报(哲学社会科学版),2015,35(5):148-151.

[②] 杨萍. 新时代高校科研育人问题与途径探析 [J]. 宁波教育学院学报,2018,20(4):27-30.

(三) 培养学生严谨治学的科学精神

科学研究作为一种社会活动,必须遵守一定的规范和道德要求,掌握科学知识和技能不一定具有科学精神。科学精神是科学工作者首先应该具备的基本精神,而这种科学精神的前提是严谨治学。科学研究是渐进性的过程,每一环节的工作都会对整个研究产生影响。只有脚踏实地、认真细致,才能产出科学严谨的研究成果。高校教师在完成自身科研课题的同时,通过带动和鼓励学生参与科研活动,可以有目的、有意识地培养大学生实事求是、坚持真理的科学态度和严谨踏实的治学精神,这些科学精神是高素质人才不可或缺的重要条件。学生在遵从科学道德的前提下,通过严谨的科学探索和科学发现,将会懂得科学研究是老老实实、来不得半点儿虚假的,明白任何一项科研成果,都不可能是一个人努力的结果,都是吸收前人和今人的研究成果。任何一个新的科学理论的提出,任何一个新的发明创造都是总结、概括实践经验的结果,从而克服、杜绝急功近利、追逐名利、浮躁甚至剽窃他人成果等不良风气,培养自身严谨治学的科学精神。①

(四) 培养学生勇攀高峰的意志品质

科学研究过程不会一帆风顺,往往会遇到这样那样的困难和障碍,有时甚至会碰到看似不能克服甚至令人绝望的困难,如果科学研究缺乏攻坚克难、勇攀高峰的意志品质,必会遇难而止、停滞不前。著名科学家钱三强说过,"科学经历的是一条非常曲折、非常艰难的道路"。科研工作的复杂性和漫长性,需要长时间的积累和磨炼,经受住默默无闻和无人问津。科学研究不是一蹴而就的,科研过程中可能出现诸多困难、波折和反复,并伴随随时出现的挫折和失败,甚至需要常人无法忍受的漫长实践。一个理论的得出往往要经历被证明、被推翻再被验证的过程。面对科研工作的复杂性和艰巨性,需要研究者远离浮躁,潜心研究以及勇攀高峰的意志品质。在科学研究过程中有利于引导学生正确面对科技创新工作的长期性和复杂性,科研能力需要长时间的积累和磨炼,要经得起默默无闻的考验;有利于引导学生正确面对科技创新过程中的各种挫折和失败,科研成果需

---

① 钟秉林. 人才培养模式改革是高等学校内涵建设的核心 [J]. 高等教育研究,2013,34 (11):71 - 76.

要在反复实验中才能获得,要坚信、坚持已经确立的研究方向;有利于教导学生排除各种消极因素的影响,正确面对压力和挑战,正确面对成功与挫折,正确面对科研中的困苦和考验,具备勇攀高峰的意志品质。

(五) 培养学生的科研实践能力

一项成功的科研成果除了需要严谨的调查研究和独特的创造性外,还依赖于学生的动手操作能力。科研育人通过引导学生参与科研实践,一方面将科研精神、科研思想、科研理念传达给学生,另一方面积极发挥学生的能动性,培养学生的科研实践能力。为了推动学生科研实践能力的培养,各所高校纷纷出台政策。

例如,吉林大学在打造人才培养机制的基础上,推出了一整套与强化创新人才培养措施相一致的教育教学改革方案,先后推出了"本科生研究机会计划"项目(2005—2008 年)、"大学生创新性实验计划"(2007—2011 年)、"大学生创新创业训练计划"、"创新实践人人行计划"(2012 年至今),鼓励本科生积极参与科研创新实践活动,吸引本科生介入到科学研究实践中。学校通过健全国家、校、院三级创新创业训练计划体系,每年设立 1 100 ~ 1 300 个本科创新创业训练计划项目,本科生年均参与创新创业项目人数达 5 000 人次以上,当届本科生参与比例达 50%,使学生从科研实践中学习知识、积累经验、总结教训、不断进取。复旦大学发育生物研究所招收在读本科生参加科研,为立志于科研的本科生搭建平台,学生可以走进顶尖实验室参与科研,与一流名师亲密接触并聆听教导。这些项目通过让本科生走进实验室参与科研,提早培养学生的科研兴趣,提升学生综合分析能力和动手操作能力。而上饶师范学院设立"大学生科研咨询中心",确定每周五下午上班时间为大学生提供科研咨询服务,积极引导大学生进行科研创新,并采取激励措施,积极鼓励大学生撰写科研论文。实践证明,参与大学生创新项目或指导教师科研课题的学生,在科研创新实践中利用第一手资料解决问题的能力提高了,科研实践能力和综合的科研素质得到了大幅度提升,为今后的学习和工作奠定了扎实的科研基础。①

---

① 夏滨,汤晓,潘鸿. 本科生科研实践能力培养论析[J]. 长春师范大学学报(人文社会科学版),2017,36(7):159 – 161.

(六)培养学生良好的团队合作意识

随着现代科学发展的进一步专业化和精细化以及新型学科和交叉学科的发展,无论是自然科学研究还是社会科学研究,仅仅靠一个人的力量根本无法获得高质量的科研成果,团队合作、集体攻关就成为必然。在科技创新过程中,个人的力量毕竟有限,只有发挥团队作用,才能形成攻坚克难的合力,才能创造出更加辉煌的科研成果。具有团队合作精神是现代科技工作者必须具备的素质和能力。因此科研活动并不仅仅是面对研究对象的问题,它是一种由多人参与的复杂的社会活动,学生面对的就不仅仅是研究对象,还要面对团队中的每一个人,既需要处理同学之间的关系,也要处理与指导教师和其他教师的关系,这其中甚至还可能涉及彼此个人利益的得失。

科研育人能锻炼大学生的团队合作能力,提升大学生的思想境界。科研成果来自于团结协作,大学生应保持谦虚谨慎,尊重别人的劳动付出,明白科研成果是集体智慧的结晶和共同奋斗的结果。学生参与科学研究有利于引导学生正确处理个人独立钻研和发挥集体智慧之间的关系,处理好当前和长远、名和利之间的关系。做人的基本道理在科研活动中也体现出来,并通过共同的科研活动促进人与人之间的和谐,培养学生的团队合作意识。

二、科研方法的育人功能

科学研究方法是一种理性的认识工具,用以建构教育研究的理论体系、逻辑结构、经验范畴和分类标准,它主要解答教育理论或"是什么"的问题。"科学"既可以作为技术工具使用,也可以作为思想工具使用。当作为技术工具使用的时候,科学研究方法是一种技术手段,表现为一系列客观的操作程序和步骤方法;当作为思想工具使用的时候,科学研究方法更多指向的是一种科学精神和信仰。科学研究方法依据自身所处的结构,可以划分为系统科学研究方法、自然科学和社会科学研究方法、综合方法和分析方法,定性研究方法与定量研究方法等。科研过程中使用的研究方法是对学生运用能力的培养和综合能力的开发,不仅丰富了学生的理论知识,也使学生在学习运用科研方法时培养自身缜密的逻辑思维能力、统筹规划能力、应变和解决问题的能力。

(一) 培养学生缜密的逻辑思维能力

当前,我们处于知识快速更新的时代,大学生需要学会学习的方法和特定的思维方法。问题意识、思考能力和批判性思维,是一些大学生品质中缺少的关键内容。科研过程从提出研究课题、收集文献并进行综述,到实践调查,以及最后的结果讨论,都有助于培养大学生的逻辑思维能力。一个好的研究问题,需要学生从实际教育体验中去发现,并思考是否具备可操作性和意义价值。文献的阅读和观点的提取,是辩证思维的结果。而在实践过程中遇到问题时,又需要大学生能够不断地寻找最好的解决方法。同时学生需要在已知的条件下根据自身的知识、思维,借助科学研究方法对未知的事物进行一定的推断、判定,并得出结论。这种逻辑分析在一定程度上反映出学生观察事物本质及事情间联系的认知能力,也体现出学生对归纳演绎等方法的运用能力。思考、交流、判断、价值辨别是理性发展的一个循环交互过程。思考体现着对主客观世界的认识,交流反映了主体间联系过程中的协调,判断是在多元选择中的一种权衡,而价值辨别则推动内在信念的形成。知识型社会需要我们成为一个终身学习者,通过理性发展,在自我教育过程中不断实现自我价值。学生参与科研活动,通过科学研究方法的运用以及有素的训练,能很好地培养自身缜密的逻辑思维能力。

(二) 培养学生统筹规划能力

统筹规划能力是指洞察事物、工作谋划、整合协调和创造性思维等方面的能力。在科学研究过程中,对某一领域进行研究时,通常会通过科学的逻辑方式,采用提出假设、编拟研究方案、严格实施研究方案、收集大量资料、定量定性分析资料、得出结论、建立理论等一系列严密而规范的标准化程序,或从已知到未知的过程,把研究对象的各个组成部分和各方面因素联系起来,通过逻辑推理,最终推断出待论证的问题,揭示研究事物的规律。因此在科学研究中,往往需要综合运用观察法、实验法、临床法、问卷法、测验法、经验总结法、历史法、文献法、比较法、统计分析法等，不同的研究方法各有所长。在研究过程中，学生通过分析各种研究方法的特点，统筹各方面的因素，制订多维度的研究计划，自身统筹规划能力得到很好的锻炼。

（三）培养学生应变和解决问题的能力

学生不愿做科研，或是对科研不感兴趣的主要原因是没有掌握科研工作的基本方法，不会做、不敢做、不愿做，因此形成恶性循环。① 如何破解这种恶性循环呢？应将科研融入教学，实现科研育人。当科研融入教学，教学方式可描述为：课堂讲授与师生讨论—提出问题—实验研究—知识创新—信息反馈—发现下一个问题。这种教学方式把书本、实验与创新结合起来，让学生不断在纵深方向上发现问题、解决问题；教师循循善诱，引导学生自我应用科研方法解决问题，能很好地培养学生的实践能力和创新能力，建立教师与学生双向互动的交流研讨平台，提高学生应变和解决问题的能力。②

三、科研成果的育人功能

科研成果是对学生运用科研方法解决研究问题的印证，科研成果开阔了学生的视野，激励其再攀高峰的斗志，坚定其科学报国的理想追求，同时科研成果能支撑教学和提高思想政治教育的实效性。

（一）对科研成果的认识有利于坚定学生科学报国的理想追求

根据教育部公布的数据，2019年度我国出国留学人员总数有70万人，同比增长6.3%，留学归国人数为58万人，同比增长12%，超过8成留学人员学成后选择回国发展，留学归国趋势愈发明显。留学归国趋势明显上升，其主要原因包括国内经济发展形势较好、国内创业环境良好等，体现出我国留学生日益增长的民族自信和教育自信。大批海外留学人才选择学成回国，必然涵容将爱国之情、报国之志融入祖国改革发展伟大事业的理

---

① 王李金，杨彩丹. 转变观念强化科研育人理念［J］. 中国高校科技，2012（1）：20-23.

② 万里鹰，万紫涵. 科研育人对大学生创新能力和素质提升的研究［J］. 大学教育，2017（2）：145-146.

想追求。

在现代科学技术日新月异和创新型人才的争夺愈发激烈的今天,任何一个有历史使命感和社会责任感的教师都会在教给学生专业知识和技能的同时,通过历史事实和科研活动让学生懂得"科学没有国界,但科学家有祖国"的道理,引导学生把个人成长与国家经济社会发展结合起来,牢固自觉自愿地为实现中华民族伟大复兴的中国梦贡献智慧和力量。[1]

正如钱学森先生所说,青年学生不仅要掌握前沿的科学技术,还要树立献身科学、报效祖国的信念。高校学生参与科学研究活动,能掌握科学方法、形成科学素养、发展科学技术,更能明白科研成果对于国家经济社会发展的重要促进作用,更能增强自身的时代使命感和历史责任感,有利于坚定学生科学报国的理想追求。

综上所述,高校科研育人的核心工作除了要规范学生的科技创新行为之外,还要引导广大学生树立科学报国的理想信念。高校培养的学生是否具有明确的科学报国的理想信念,不仅关系到他们是否具有开展科学研究、发展科学技术的能力,而且关系到他们是否具有自觉自愿地运用自己所掌握的科学技术促进社会主义现代化建设,增强我国综合国力,实现中华民族振兴的精神。高校科研育人工作要引导学生将自身的科学研究工作同社会主义现代化建设结合起来、将个人的成长发展同社会的改革发展结合起来,增强为国效力、为人民谋幸福的历史使命感和时代责任感。[2]

(二) 科研成果有利于反哺教学,对教学起支撑作用

人才培养是新时代高校的根本任务,是大学的本质职能。而教学与科研是辩证统一的,两者互促共进、协同发展。提高大学的育人水平,要落实在研究型教师的科研学术水平与育人工作相结合的力度上。教师应不断提高自身的科研学术水平,与时俱进充实教学内容的内涵建设,使得大学生能及时了解本学科的前沿成果,以便拓宽学生的专业视野,有效地实现

---

[1] 陆锦冲. 高校科研育人:内涵·方向·途径 [J]. 高等农业教育,2012 (9): 3 - 5.

[2] 杨萍. 新时代高校科研育人问题与途径探析 [J]. 宁波教育学院学报,2018, 20 (4): 27 - 30.

科研成果反哺教学。

科研成果对教学的反哺作用，可通过完善"课程内容体系"和加强"教学资源建设"等中介起到保障和支撑的作用。课程体系是人才培养的中介和平台，教学资源是人才培养的基础和保障。科研对加强"教学资源建设"同样有着重大的推动作用。一是可以凝聚和培育高水平的师资队伍，促进教师教学水平的提高、促进教师教学理念的提升。做科研可以帮助教师扩大眼界，了解专业在发展中存在的问题，在研究过程中丰富学科的内容。二是可以改善教学设施条件。高校教师把科研方法转化为教学手段、把科研平台拓展为教学条件、以科研成果（进展）丰富教学内容、把科研设计导入教学实验等，有利于改善教学设施条件。三是有利于加强实践教学和基地建设。科学研究过程中，需要购置大量的实验设备、器材以及建设实验基地、实践基地等，这些都能很好支撑实践教学。四是有利于激发学生的求知欲。科研的本质是创新，将科研融入教学有利于激发大学生的学习兴趣，探索新知的欲望，更有利于大学生创新精神、综合素质的提升。①

科研是促进教学内容更新、教学方法完善、教学质量提高的有效方法。从人才培养体系的角度来看，科研在人才培养方案、专业建设、课程体系、教学环节、教学评价等方面，都可充分发挥作用，研教融合、协同育人密不可分。② 由此可见，科研并不与育人和教学截然对立，相反，具有不可替代和极其重要的促进作用。并且，随着"创新"成为时代主题，"创业"成为社会的新常态，科研成果对于教学的反哺作用将与日俱增。

（三）科研育人有利于提高思想政治教育的实效性

科学研究在思想政治教育过程中发挥着独特的、不可替代的作用，与其他途径或载体相比，科研在育人中的作用独特而不可替代，这是由科学研究和思想政治教育的相互关系以及科学研究的特点和思想政治教育的规

---

① 万里鹰，万紫涵. 科研育人对大学生创新能力和素质提升的研究［J］. 大学教育，2017（2）：145-146.

② 王李金，杨彩丹. 转变观念强化科研育人理念［J］. 中国高校科技，2012（1）：20-23.

律所决定的。马克思主义是科学的世界观和方法论,它为科学精神的确立奠定了理论基础,对于科学研究特别是哲学社会科学的研究,具有重要的指导意义。马克思主义关于实事求是的方法、辩证分析的方法、矛盾分析的方法、历史分析的方法、理论与实践相统一的方法等,在当代许多问题的研究上仍然具有很强的效力。科研活动作为一种搜集信息、加工信息和创造信息的认识活动,对人的思想观念无疑具有很直接的影响。而且,经过自己的艰苦认知和探索而得到的思想认识,给人的印象最深,最容易成为他们的信念。学生参与科学研究活动,更有利于培养学生用马克思主义的立场、观点和方法观察、分析问题和解决问题的能力和自觉性。掌握了这些立场、观点和方法,不仅有利于科研工作的开展,而且有利于科研工作者的成长。

相比传统的、单向的、说教式的思想政治教育模式,学生参加科学研究,不论是理工科的实验操作,还是人文社科的论文写作,都是一种亲身实践和探索的过程,这种过程对学生来说具有多方面的潜在影响。允许和提倡受教育者发挥自己的主动性和积极性,自主地对事情的原委和答案进行独立思考和探索,由此得到的结论他们就自然而然地接受了。科研活动是一项特殊的认识和实践活动,它对于正在学习从事这一活动的人来说,具有培育良好的思想品德的特殊功能。科研育人的方式为思想政治教育增加了"探究"属性和因素,有助于提高思想政治教育的实效性。[①]

科研育人是新时代大学教育内容的重要延伸。高校科研育人是时代变革创新发展的迫切要求,是高等教育培养方向的体现,是营造良好科研风气的关键,是拓宽大学生思想政治教育领域的需要,并且高校科研育人在国际上已有良好的实践和成效。科研育人的功能通过科研过程、科研方法和科研成果体现出来。在科研过程中,培养学生崇尚学术的品位、创新精神、严谨治学的科学精神、勇攀高峰的意志品质、科研实践能力、良好的团队合作意识;科研方法的运用培养了学生缜密的逻辑思维能力、统筹规划能力、应变和解决问题的能力;对科学成果的认识有利于学生坚定科学

[①] 刘建军. 进一步重视科研在高校育人中的地位和作用[J]. 中国高等教育,2015(6):34-37.

报国的理想追求、提高思想政治教育的实效性,科研成果还能反哺教学,对教学起支撑作用。大学生的科研训练,培养学生可持续的学习能力、实践认知能力和知识创新能力。科学研究所体现的是一种追求真理的实干精神、探索新知的钻研精神、勇于创新的批判精神和团队协作的合作精神,而这正是新时期我国高校大学生创新能力和素质提升所要达成的目标。

第三章
高校科研育人的现状及其存在的问题

第一节　国内外高校科研育人的探索与实践案例

一、国外高校科研育人的探索与实践案例

从现代大学孕育形成后，科学研究就是其重要功能，与大学的人才培养功能相互促进。英国著名哲学家培根是给科学研究程序进行逻辑组织化的先驱，也是文艺复兴时期科研育人的积极倡导者和实践者。他认为科学研究是社会进步的重要动力，社会前进需要培育众多杰出的科研人才，而大学是培育科研人才的最合适机构。培根自己也是身体力行，倡导将科学归纳法作为教学方法，提出通过对学生进行启发式的教学，以培养学生的科研能力。

19世纪后，大学的科学研究进入全面发展时期，由于不同国家所处的历史背景和客观实际不同，科研育人的表现形式在各国大学里也有所不同。英国牛津大学和剑桥大学实行"学院制"办学方式，倡导学院内部教师和同学同榻而卧，一起学习和研究科学知识和人生哲理，办学目的是培养学识、品德、体魄全面发展的"绅士"，强调科学研究和教书育人融为一体。

此外，实行"导师制"培养模式，导师是学生在校的直接监护人，不仅要关注学生的学术增长，也要关注学生的身心发展，强调科研与育人的统一。著名教育改革家洪堡继承了哈勒大学和哥廷根大学开展科学研究的办学传统，根据"学术自由""教学和科研相结合""科学统一"三个原则的大学办学理念，于1810年创办的柏林大学，把传统大学的教育功能扩展至科研功能，倡导教研融合，教学中启发学生共同参与研究，做到科研育人。随后形成德国新大学运动，德国的科学研究与人才培养相统一的大学教育模式迅速对英、法、美等国大学教育产生重要影响。到20世纪初，美国的威斯康星大学校长范海斯提出"教学、科研和服务社会都是大学的主要职能"，明确大学通过科学研究培养学生解决政治、经济方面实际问题的能力，科研育人的功能最终要体现在培养学生解决实践问题的能力。

第二次世界大战（以下简称"二战"）以后，科技对经济社会发展的作用日益凸显，大学的科学研究功能愈受重视，科研与教学逐渐分化，科研与育人渐行渐远。为适应社会对科学研究空前强烈的需求，美国的很多大学在二战后纷纷成立研究生院，培养研究生和开展科学研究。20世纪60年代以后，科研成果转化与产学研合作模式发展迅速，大学的科学研究不仅能提升大学的排名和声誉，也能给研究者带来巨大的利益。因此，科学研究在大学中地位不断加强，教学工作日益被忽视，科研育人的功能被弱化。但是，仍有许多大学始终坚守科研育人理念，坚持以研究导向的教学和教学导向的科研促进知识的传承与创新，秉承科教融合精神和与时俱进的变革人才培养模式。其中，最著名的是德国柏林洪堡大学的Q计划和美国约翰·霍普金斯大学的GSCs（Gateway Science Course Initiative/Gateway Scicnce Course）计划。这两所大学对科教融合的育人模式的坚守和实践取得了良好的效果，不仅持续保持世界百强大学排名，而且一直是世界学术重镇，拥有良好的学术声誉和社会影响力。

（一）案例一：德国柏林洪堡大学科研育人的实践[①]

2006年以来，德国联邦政府和州政府通过实施"卓越计划"促进高校

---

① 王嘉铭，白逸仙. 培养一流人才：以科教融合实现人才培养模式变革[J]. 高校教育管理，2018，12（3）：109-115.

创建一流的研究型大学，其资金支持主要通过"卓越研究集群、研究生院和院校发展战略"三个维度进行评估。自2012年起，洪堡大学提出"培育探究精神：个性、开放、引领的院校发展战略"，并通过在本科生和硕士研究生教育中推行人才培养改革的Q计划，开发和测试各种教学和学习的新方式，以此为学生提供先期的研究经历。该计划的目标是在本科和硕士阶段开展基于研究的教学和学习，鼓励学生创新和提问，培养质疑的精神和提出解决方案的能力，并在参与的过程中获得科研经历与体验。通过研究性学习，学生将从其本科教育开始持有对学问的研究和质疑态度，学会形成学术问题、开发与之相对应的研究项目，并以循序渐进的方式学习项目研究的方法。理想情况下，这将意味着学生会获得研究过程中所有阶段的亲身经验，包括学术发表和对其结果的反思性分析。Q计划包括以下四项核心举措。

1. Q-教学指导（Q Tutorials）

由学生发起、设计和举办的课程。学生们以自主选择主题的方式开展研究性工作。此课程针对有自己研究问题的不同专业的学生——理想的问题是跨学科的。大纲和学期计划由学生导师（Q Tutors）开发和实施，旨在促进研究性学习。学生导师由博洛尼亚实验室（Bologna Lab）负责培训，学生通过相关研讨会获得以研究为基础的知识，在学生导师的教学指导下，参与的学生将经历从选题到论文发表的全过程。通过这种方式，学生导师可以获得亲身的教学经验，同时也为参与的学生提供独立研究的机会。

2. Q-研究团队（Q Teams）

由跨学科的学生组成，并由博士生和博士后研究人员监督和指导的合作研究团队。通过洪堡大学进行的研究项目或合作的校外研究机构，学生就自己设计的问题开展研究工作。通过基于研究的学习，他们可以在自己的科目或跨学科的环境中获得研究的经验并提高自身的洞察力。

3. Q-模块课程（Q Module）

学生可以通过独立学习完成的模块课程。其特别之处在于，学习内容是基于研究发现的结果。该模块课程最适合有学习经验和需求异质的学生。例如，在导入性课程模块中，具有广泛学习经历的学生可以选择独立研究，并学习模块课程的全部内容（其教学评价是作业而非考试）。这些学生由相关的 Q-模块课程教师进行监督和指导。

4. Q-研究小组（Q Kollegs）①

由洪堡大学和国际合作大学的学生组成的国际研究小组。通过设立以研究为基础的课程，每个小组都针对一个特定的课题进行独立的项目研究。参与者来自洪堡大学的众多国际合作院校，其研究内容由督导教师和团队共同决定，具体的研究方式包括联合讲座以及通过数字平台进行交流等，最终成果以口头陈述和电子出版物发表为标准。

作为跨学科教学实验室和统筹性的组织，博洛尼亚实验室直接由学术事务副校长领导，负责包括研究性学习、跨学科选课与双学位等本科生和硕士研究生相关的人才培养工作。其目标是促进自我指导的独立学习能力的形成，为个人发展创造空间，提供和实施以需求为导向的学术课程，并推动教学、研究和人才培养之间实现全面深度融合。同时，博洛尼亚实验室也是一个教学学术的研究机构，作为联邦教育和研究部的"研究性学习项目"的参与者，其负责对 Q 计划进行定期跟踪评估，评估结果对方案实施和改进产生影响。学校秉承洪堡的理想，坚信只有当研究与教学密切相关时才能取得成功。学校通过颁发"洪堡大学优秀教学奖"的形式鼓励在教学中成功和创新的实践，旨在树立优秀教学的形象，强化对教学学术的重视，并对大学教学质量提升做出积极贡献。

（二）案例二：美国约翰·霍普金斯大学科研育人的实践②

洪堡大学"科教融合"办学模式为世界上许多大学效仿，美国约翰·霍普金斯大学是其中之一。自第一任校长吉尔曼提出"为世界进步而学习"的目标以来，约翰·霍普金斯大学不断通过革新科研的方式，支持教师和学生延续这一核心使命。2011 年起，为有效改善和丰富约翰·霍普金斯大学本科生和硕士研究生对科学知识的学习，该校提出科学入门课程（即 GSCs）计划，旨在促进更先进的科学教育、工程教育和相关的定量研究工

---

① 德语 kolleg 是课程、讲座的意思。

② 王嘉铭，白逸仙. 培养一流人才：以科教融合实现人才培养模式变革［J］. 高校教育管理，2018，12（3）：109－115.

作,通过促进自主学习、问题解决、批判反思和学术交流等技能的提升来提高学术探究的能力。改革的初衷就是将研究的体验融入本科和硕士阶段的教学,将发现、研究、教育的大学精神融入专业学习,提高学生对学科专业的兴趣。

基于吉尔曼的观点,"学习研究发现"的科教融合方式将使学生实现个人学习的潜力超越年龄或家庭背景的差异性。在学生参与教授主导的研究过程中,学生学习如何提出问题、批判性地推理,以及通过观察和实验发现、解释证据,并能清晰明确地参与互动交流。具体来说,GSCs 期望使学生具备的素质包括目标与能力两方面,如表 3-1 所示。

表 3-1 GSCs 的课程目标与学生的能力培养

目　　标	能　　力
掌握课程的核心内容,并为更高级的学习做好准备	通过问题集、课堂测验、问题解决等方面的学习,与教师或助教进行讨论
提升包括发现、自学、设问、推理和交流的能力	将课堂或阅读的思想融入实践,加深理解的技能
增加对学科学习的好奇心	提升批判性思维能力,锻炼口头和书面交际能力

其中,面向本科生开设的 GSCs 聚焦于 STEM（Science, Technology, Engineering, Mathematics）教育的内容,课程架构基于多学科搭建,主要针对高年级学生开设顶点课程（Capstone Course）,使学生收获包括项目设计、研究、实习、调研等活动在内的一手学习经历。面向研究生开设的 GSCs 具有跨学科性和问题导向性,针对研究生开设实操性的研究方法课和面向解决真实问题的专题课程,旨在使学生突破跨领域学习的障碍,实现对学科共性需求的满足。在具体的教学实践中,GSCs 提倡以下原则:建立完善的教学评价体系、同伴教学、研究性学习、翻转课堂教学、科学名人堂教学、主动学习活动。

GSCs 计划的组织、实施和评估由大学的学术副教务长直接负责,并成立由校长、教务长和各系部主任参加的科学入门课程教学指导委员会,全面负责解决课程与教学的相关问题。通过相应的卓越教学研讨会和新教师教学论坛等措施，GSCs 提高了教师对学生学习方式的理解，促进教学学术的创新。同时，约翰·霍普金斯大学也对各种教学改进项目提供资金支持，并对其进行严格的评估和建立定期的沟通机制，从课程设计、教学实施和组织协调三个方面促进课程计划的有效开展，为校长、院长、董事会和教师提供卓越教育的实际证据。

从上述两个国外高校科研育人实践的案例可以发现，虽然德国柏林洪堡大学和美国约翰·霍普金斯大学科研育人实践的具体方案和实施细节上有所差异，但两所大学的指导理念、机构设置和技术路径上是同质异形。王嘉铭、白逸仙总结了这两所高校科研育人的三个共同特征[①]：一是传承科教融合，强调科研育人。洪堡大学和约翰·霍普金斯大学在培养卓越人才的竞赛中，不约而同地选择回归科教融合的传统，这与其固有的组织记忆和组织文化有必然的关联。无论是 Q 计划还是 GSCs 计划，都强调以科教融合的精神作为改革的指导原则。坚持科研育人、协同创新的人才培养理念，既是对组织惯习的继承和肯定，也是对实施变革所达成的一种制度共识。二是注重顶层设计，强化组织保障。人才培养模式的变革既要考虑科教融合的制度文化和惯习，也要兼顾社会发展对人才培养的多元、差异、个性的需求。因此，组织变革需要创设有利的制度环境，在组织层面统筹改革的领导、实施和资源配置，并形成利益相关者参与的协商机制。例如，洪堡大学的博洛尼亚实验室是兼具领导、管理与评价的机构，而约翰·霍普金斯大学的改革形成了由各系部主任、教学资源开发中心和授课教师参与的互动机制，有效推动改革的实施。三是深化教学改革，推动教学学术。深化课程与教学改革需要创设技术环境，形成可参照、可复制的技术标准，并基于学生的学习体验和反馈，在尊重个性差异的过程中追求教学创新和卓越。通过开展以促进教学学术为内涵的学术活动，以奖励教学创新、提供教学辅助、开展教学研讨、跟踪教学评估，实现人才培养的动态监测，有效改善学习的体验，确保人才培养的质量。

---

① 王嘉铭，白逸仙. 培养一流人才：以科教融合实现人才培养模式变革 [J]. 高校教育管理，2018，12（3）：109-115.

二、国内高校科研育人的探索与实践案例

习近平总书记在 2016 年 12 月召开的全国高校思想政治工作会议上明确指出:"要坚持把立德树人作为中心环节,把思想政治工作贯穿教育教学全过程,实现全程育人、全方位育人,努力开创我国高等教育事业发展新局面。"科研育人是我国高校全方位育人的重要内容,通过科研育人培养大批社会主义事业的建设者和接班人,造就一批高素质创新型人才,是实现中华民族伟大复兴的中国梦的重要人才保障。长期以来,特别是改革开放以来,我国教育主管部门和大学对积极开展科研育人工作,并在高校教育教学科研实践不断进行科研育人的探索和实践。

新中国成立之初,我国的高教体系学习苏联模式,把人才培养当作高校的唯一职能,教学成为高校的唯一任务。高校建制条块分割、科教分离,导致高校科研职能受到一定程度削弱,高校内部科学研究和人才培养没有形成适当的协作机制,高校的人才培养、科学研究和社会服务也就无法形成有效合作与共同发展格局。

改革开放后,我国教育主管部门和大学开始学习欧美研究型大学的"科教融合"模式。1979 年 1 月,全国高校科研工作会议提出高校具有高级专门人才培养和发展科学技术双重任务,并于 1980 年重新实行学位授予制度,明确要求高校获取学士、硕士、博士的学生在具备相应的基础知识和专业知识的基础之上,还需要根据自身获取不同的学位层次积极参与和承担相应的科学研究工作或专业技术工作。1985 年,《中共中央关于教育体制改革的决定》再次强调了高校的科研职能,并对高等学校研究生培养制度改革提出了明确指导方向,在很大程度上促进了高校科学研究与人才培养的共同发展,科研育人工作实践加快推进。1992 年以后,我国改革开放步伐加快,高教领域改革步伐也加快,大学普遍重视和积极推进学科建设。从国家高等教育的大政方针来看,先后实施了"211 工程""985 工程"和目前正在积极推进的"双一流"建设,目标都是积极推进建设一批重点学科,形成一批国际一流大学。学科建设是以科学研究水平为重要支撑的,在国家推进一批重点学科具有优势的大学,必须既是人才培养基地,又是

科学研究重镇。目前，我国大多数研究型和教学研究型大学科学研究的地位日益突出，大学既是教学中心，也是科研中心。在这种背景下，促进科学研究与人才培养工作的融合是必然选择，科研育人工作成为高校人才培养的重要组成部分，众多高校都开展了丰富多彩的科研育人工作实践探索。其中，比较典型的案例有中国人民大学、西安交通大学、东华大学和天津师范大学等高校的科研育人实践探索。

（一）案例一：中国人民大学构建研究型学习制度，注重科研育人功能①

为贯彻落实党的十八大和习近平同志考察中国人民大学讲话精神，把立德树人根本任务落到实处，中国人民大学根据研究型大学的特点，围绕本科人才培养，总结学校实践，借鉴国内外高校经验，于2013年4月22日推出新的本科人才培养路线图，旨在探索完善研究型大学本科人才培养新体系，全面推进人才培养模式改革，大力提升人才培养质量。新的路线图进一步强化了"立德树人"的人才培养理念，特别突出育人为本、以德为先的三个方面内涵：①回归大学本位，坚守大学精神。大学本位就是培养人才，学科建设、科学研究、社会服务、国际交流的终极目标都在于培养人才，都应为培养人才服务，而培养人才也正是进一步坚守探究知识、追寻真理、教学相长的大学固有之精神。②注重品格教育，塑造健全人格。新的路线图进一步坚持中国人民大学的光荣传统，倡导"行为精英、心为平民"的使命意识，激励学生奉献社会、成就自我，养成健全、高尚的人格。若干年来，人格养成在很大程度上受到一些学校忽视，乃至有学者批评我们的高等教育正在培养"精致的利己主义者"，这已明显偏离了我们的人才培养目标。③注重自主学习，加强能力培养。帮助学生发现真问题、开展真研究、提出真见解。以上三个方面可以浓缩为16个字：承担使命、探究知识、增强能力、奉献社会。

新的路线图突出研究型大学特点，力求发挥中国人民大学在学科地位、师资队伍、学生素质和学术研究方面的相对优势，全面建设"研究型学习制度"，促进研究型教学和学习，努力创造符合一流研究型大学特点的本科

---

① 王嘉铭，白逸仙. 培养一流人才：以科教融合实现人才培养模式变革［J］. 高校教育管理，2018，12（3）：109－115.

人才培养体系。

一是树立研究型学习理念。推动一系列重要转变，从以教师为中心到以学生为中心，从以传授知识为中心到以探究问题为中心，从以课堂教学为中心到课内课外相结合、知识学习与研究实践相结合，从以讲义、教材为中心到更密切的师生互动、教学相长，从过于单一的专业学习到培育厚重的复合性知识基础，从国内学习到拓宽国际视野、跟踪学术前沿，从知识、能力教育到全面的人格养成。

二是确立8项研究型学习制度。新的路线图从兴趣培育、目标管理、主要路径、条件支持、价值引导等五大方面，系统设计了精实课程、国际研学、名师沙龙、拓展支持、全员导师、研究实践、双选认证、公益服务等8项制度，其中"精实课程制度"（Rigorous courses）的核心目标是"少而精、重实效"，倡导深度教学，强化基本训练，确保有效学习；"国际研学制度"（Exchanges abroad）的核心目标是拓宽学生国际视野，促进学生把握学科前沿的能力和跨文化沟通能力；"名师沙龙制度"（Salons with distinguished professors）是为了促进杰出教师与学生面对面的交流，培养纯正的学术趣味，激发学生的研究兴趣；"拓展支持制度"（Expanding student support）旨在倡导学生互助，加强学校支持，在身体、心理和意志等方面促进学生全面发展；"全员导师制度"（All-round academic advising）重在密切师生关系，特别落实一年级的新生教育和四年级的分类指导，通过师生互动实现培养目标；"研究实践制度"（Research practice）将为学生创造更多调查研究机会，培育学生的问题意识和创新意识，训练学生发现问题、研究问题和解决问题的能力；"双选认证制度"（Certified interdisciplinary training）是要使跨学科学习得到制度性的保障，为学生的研究型学习和未来发展提供知识基础；"公益服务制度"（Honoring public service）则是加强研究型学习的价值引导，增进学生的人文关怀和社会责任感。

在这种背景下，广大教师积极建构"科教融合、学术育人"模式，倡导以研究为基础的学习，赋予本科生自选研究课题的机会，充分展示其"做研究"的能力，充分发挥科研育人功能。

（二）案例二：西安交通大学打造一流的科研团队，探索科研团队育人新模式

西安交通大学在科研育人探索中，积极打造一流的科研团队，吸收青年学生进入科研团队，培养学生的科研能力和创新能力，营造诚信科研、严谨治学的学术环境和氛围，建立师生传帮带、开放式的团队运行机制，形成西安交通大学"团队育人"新模式。其代表性科研团队育人的经验如下。

1. 孙军团队：强调"野外打猎训练"，培养独立型科研人才

由西安交通大学材料学院院长、金属材料强度国家重点实验室主任孙军教授率领的团队强调"野外打猎训练"，培养独立型科研人才，发挥科研育人功能，成效显著，其主要经验有以下4个。

一是吸纳本科生加入科研团队，实行本科到博士的打通培养。从学生加入团队开始就独立承担研究课题，逐步培养他们的实验动手能力和科研能力，引导学生在研究课题中主动学习的探知精神，使学生通过实际动手做实验，强化学生在课程中学到的知识。团队实行从本科到博士的打通培养，本科毕业设计、硕士学位论文、博士学位论文"三点一线"，让学生学会如何集中系统地解决学科内某个领域的问题。

二是重视学科交叉和知识融合，集中力量挑战前沿性课题。孙军团队在人才培养方面非常重视多学科交叉融合，引进多学科领域的学术大师作为团队的科研人员，为年轻的研究人员提供学科交叉性前沿课题的保障。特别在西安交通大学"学术特区"政策支持下，团队每年招收来自不同学科领域、拥有不同思维方式的研究生，同时积极组织日常的学术交流及定期的小组学术讨论会，强化学术交叉和不同知识和思维的大融合。

三是注重国际合作交流，模拟国际竞争科研氛围。团队为学生培养提供国际化的科研氛围，以教师引导、学术交流、分组讨论的形式，加强不同学科背景的学生、小组之间的交流，拓宽学生视野，拓展知识结构。团队聘请外籍教授直接参与课题研究，亲自下到实验室指导学生实验，检查实验装置，审查实验数据，反复修改学生提交的学术论文，对学生和青年教师的实验工作、论文发表给予了良好的指导，也为学生和青年教师的成

长树立了科学严谨、实事求是的学风建设楷模。

四是循序渐进地指导研究生,培养研究生独立科研能力。在研究初期,团队教师认真负责指导整个课题过程,让学生感受并掌握科研的规范和严谨,支持优秀的博士生独立遴选课题、设计实验、投稿并发表高水平论文,完全以自己的能力完成整个研究过程,使一批优秀博士生完成了从教师的"帮、带、扶"到完全独立研究的巨大转变。在团队2011年发表的高水平国际期刊论文中,就有7篇是由研究生以第一作者同时为通讯作者完成。

2. 何雅玲团队:"传、帮、带"弘扬传统,教学科研相得益彰

由西安交通大学能动学院陶文铨院士和热流科学与工程教育部重点实验室主任何雅玲教授带领的团队,他们长期不懈加强学风建设弘扬传统,教学科研相得益彰,创建了一支同时拥有教育部创新团队、国家重点学科、国家名师奖、国家精品课程、国家教学团队,具有教学和科研相结合的鲜明特色,在国内外具有重要影响的高水平教学科研团队。2007年该团队获得国家首批优秀教学团队奖。

何雅玲团队注重学风建设,弘扬胸怀大局、无私奉献的传统。团队中老一辈教授如陶文铨院士,几十年始终坚持在教学和科研第一线,用忘我的工作精神、饱满的工作热情和严谨的工作态度,教育和影响着青年教师以勤奋严谨、无私奉献的精神,做好教书育人与科研工作。在老一辈教授的言传身教和严格要求下,团队的每一个成员,要做到获得的数据都必须经过实验的反复测量或验证,否则数据不能发表。无论是教学、科研还是培养学生,都要求治学严谨、严格遵守学术道德、严防学术造假。

进行教学改革探索,加强团队教学能力的培养。团队让有教学经验的教师与青年教师建立"一带一"制度,青年教师在正式上讲台前,必须经过"课程辅导、试讲、局部章节主讲"等环节,才能过渡到主讲全部课程。团队还组织一系列教学研讨和交流活动,帮助青年教师提高教学质量。团队老教师树立典范,为人师表,带领青年教师钻研教材等。团队的运行机制获得良好效果,所开设的热流科学与工程基础类主干课程多次获得国家级精品课程的称号,团队成员获国家级教学成果奖多项。建成了名师、名课、名实验室和一流热流科学与工程系列精品课程。

注重教学与科研相结合,提升团队的教学科研能力。何雅玲团队注重基础,团结协作,采取一系列措施加强青年教师科研能力的培养,如在教学及科研过程中提高教师素质、老教师"传、帮、带"帮助青年教师把好教学科研关、有计划地安排青年教师参与国际交流等。在团队的努力和带动下,青年教师迅速成长,涌现出一批国家杰出青年基金获得者、长江学者、教育部新世纪人才等学科的中坚和骨干力量。同时,团队将教师自我实践与国内外交流相结合,积极开展国际学术合作交流,有计划地安排青年教师去境外大学进修与访问,促进团队与境外、国外学者的交流,使青年教师也逐渐在国内外科学舞台上崭露头角。

3. 李树茁团队:扎根基层联系实际,提升学术与政策研究能力

西安交通大学公共政策与管理学院人口与发展研究所所长李树茁教授带领的团队,工作扎实,治学严谨,围绕中国社会转型期公共政策创新和弱势群体保护的研究,勇于创新,不断拓展研究方向,形成独特的研究工作思路和方法,打造了一支高水平学术和政策研究能力的科研团队。近年来,团队承担国家级项目18项、省部级项目29项,发表论文178篇、出版学术著作24部,研究成果获省部级一等奖5项。2011年,李树茁教授获得"复旦管理学杰出贡献奖"。

团队依托西安交通大学管理科学与工程重点学科及公共管理两个一级学科,以学科交叉融合为手段,在人口与社会可持续发展的理论创新、政策创新和管理创新等领域培养高层次人才。通过不断完善与国外知名大学、研究机构的研究人员互访和合作课题研究机制,每年选派青年骨干成员到国际著名大学或研究机构做短期学术交流、鼓励与资助团队成员参加国内外相关领域的国际会议、定期邀请名师名家到学校开展学术前沿讲座、开设相关课程、举办高水平学术会议和学术交流活动等,大力拓宽团队的研究视野,增强合作研究与交流能力,培养了一批具有复杂性科学视野的青年研究者。

通过加强学术平台和合作网络建设,与国际高水平大学、研究机构等多年开展实质性合作,使团队积极、快速、准确地追踪国内外学术前沿,建立了与不同层次政府部门的政策与实践合作网络,形成了全方位、立体

化的政策推动能力，形成团队高水平学术和政策研究能力。团队秉承严谨求实、科学诚信、认真扎实的工作态度和作风，扎根于基层并密切联系实际，严谨治学，通过大规模社会调查收集一手数据资料。通过多年的逐渐探索，李树茁团队形成了一种集理论研究、政策分析、社会实践、政策创新和国家战略推广于一体的研究范式和科学的工作方法。

结合国家经济社会发展需要，团队以社会发展中的现实问题及重大需求为导向不断拓展研究领域，政策研究与实践相结合，推动了科研成果转化为现实政策。团队长期关注和从事改善女孩生存问题的研究和实践，率先揭示了我国存在较为严重的女孩生存问题，对其产生原因、机制和后果进行了创新的学术研究和政策分析，设计了我国农村改善女孩生存的社会政策干预系统框架，建立了安徽"巢湖改善女孩生活环境实验区"，在国家有关部门的指导和支持下，最终发展成为国家治理偏高出生性别比问题的公共政策和战略平台——国家"关爱女孩行动"。

（三）案例三：东华大学推出博士生导师班主任，重科研更重育人[①]

2011年秋季开学初，东华大学材料学院为当年入学新生专门配备"博士生导师班主任"，这些博士生导师们将为本科新生一、二年级的大学生活提供及时的"释疑解惑"。在这些新生班级配备的博士生导师班主任中，有的是资深教授博士生导师，有的是国家杰出青年基金获得者、学院院长，还有中青年海归教授。

"推出这一举措源于一个故事"，根据该校材料学院党总支书记何雅的介绍，2008年，学院的博士生导师王依民教授找到院方，主动提出想做低年级学生的思想政治工作，他说大一、大二是大学生的转型期，尤其需要引导，教授博士生导师除了要关注科研创新，更关注学生成长，这些博士生导师班主任与辅导员一起帮助学生尽早规划人生，促进学生成才。博士生导师班主任的主要任务是"释疑解惑"，通过言传身教为学生在学习、科研、人生等方面的困惑及时提供有针对性的引导和帮助。学院探索通过博

---

① 东华大学. 东华大学推出博士生导师班主任：重科研更重育人 [EB/OL]. (2011-10-20) [2012-09-30]. http://www.moe.gov.cn/jyb_xwfb/s6192/s133/s168/201110/t20111020_125764.html.

士生导师班主任与辅导员形成一个工作团队,在学生思想工作中发挥互补作用,定期开展案例分析、培训交流、经验总结等。

(四) 案例四:天津师范大学发挥科研创新在高校学风建设中的育人功能①

天津师范大学在加强学风建设的过程中,将突出专业特色,通过全面营造科研创新氛围、健全科技创新管理机制、构筑实验科技创新平台、优化科技创新指导队伍、引领学生参与科技创新竞赛、丰富科研创新活动载体等多种途径,让学生提升创新意识,增强学生团队意识,助力学生成长成才,浓厚学习氛围,使学风精品活动以长效机制稳固发展。天津师范大学以化学学院为代表,探索科研育人新路径,其主要实践经验有如下6个。

1. 全面营造科技创新氛围

扎实的专业知识是学生提升创新能力的前提,在专业知识的课堂外,应充分为学生搭建学习平台。例如,搭建科技讲堂,邀请国内外化学学科专家学者,举办多场高水平的学术交流会和讲座,提高教师教学科研水平,让学生了解最新前沿化学知识,激发学生的创新欲望。化学学科是一门知识与实验并重的学科,所以要充分依托各类实验室、学生创新实验室,通过教师和学生的共同努力,以教、传、帮、带的形式践行科研精神,以各个专业学科带头人引领学生勇于创新,很多实验室在学生中以研究生带本科生,利用周末开展课题组组会制度,讨论实验方案、拓宽实验思路、解决实验困惑,使本科生、研究生在科研中得到不同程度的进步。这样的科研氛围,增强了学生科研创新的热情,自然开拓出致力科研、共同奋进的良好局面,更激励着每位教师与学生在科研的道路上不断奋进,让学生坚定学习信念,养成学习习惯,夯实专业技术知识。

引领更多的学生参与科研创新,提升自我,充分利用学生喜闻乐见的新媒体,如学院官方微信、微博平台做好宣传引领工作,让学生充分了解各类科技科研信息,培养学生关注学科发展动态、实践应用情况的科技创新素养。在网络平台内开展科技创新标兵评比活动,充分发挥榜样的力量,宣传学生的优秀事迹,让更多学生参与到科研创新实验,提升自我创新意识。

---

① 王建民,李明妹.发挥科研创新在高校学风建设中的育人功能:以天津师范大学化学学院为例[J].学理论,2015(20):116-117.

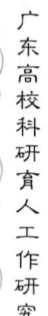

2. 健全科技创新管理机制

在创设良好的学风环境中,要精心成立科技创新工作领导小组,以学院党委副书记担任组长,辅导员及班主任为组员,做好科技创新的宣传组织协调工作。按照学校相关规定,制定《关于加强本科生学术研究活动的意见》。首先,对在科技创新中获奖的学生,给予本学期课程期末考试成绩按获奖等级在德育成绩及综合测评中给予不同程度的加分。通过与学生约谈了解学生学习成绩、实验技能等综合能力,与专业课教师建立长效合作机制,从学生意向、成绩、能力三方面综合分析,选拔学院学生进入学院各个实验课题组,开展实验技能锻炼。其次,要将科技创新与实践教学相结合,把学生科技竞赛以创新学分的形式纳入整体教学计划,并拟定创新奖学金奖励办法,对参与各类竞赛及科技活动获奖的学生给予奖金、学分、证书等一系列的奖励。最后,科技创新领导小组要协助所有专业课教师,在平日教学实验过程中,狠抓上课出勤率,在各类考试中坚持诚信考风,杜绝考试违纪及作业抄袭等不良现象。要将制度建设和严格管理作为学风建设的侧重点,规范教学秩序、强化教学管理,成立学风建设自我管理委员会,开展班级学风、学术科研情况量化评比,不断完善科技创新管理机制。

3. 构筑实验科技创新平台

利用专业资源,实施多层次、全方位的实验室开放,以学院的科研平台为依托,为学生建立创新实验室,吸纳优秀的学生开展创新实验。实施实验室开放、开放性实验、综合性实验相关课程。在这些有利于提高学生创新能力的实验中,增加设计性实验,教师根据科研或竞赛有选择性地为学生提供研究课题,供学生选择;同时鼓励学生自主学习、自我研究和自我发展,将实验室开放与学生科技竞赛等实践教学环节的实施相配合,使学生自己带着问题进入实验室,为学生自主学习创造环境和条件,激励学生创造性思维的培养,提高学生分析问题、解决问题的能力。在综合性实验中,学生设计实验方案、处理实验数据、实验答辩等多个系统环节,获得学分。

与此同时,积极挖掘校外实验创新平台,与企业联系,为学生建立科研创新实践基地，让大三、大四学生在创新基地完成实验及相关毕业论文工作，提高学生的实践能力并培养学生的创新精神，为学生创新创业打下坚实的基础，开展诚信教育，提升服务本领。

4. 优化科技创新指导队伍

学风建设过程中，教师起着举足轻重的作用，教师是学生提升科研创新能力的指导者及培育者，所以应注重对青年教师的培养、使用和考核，健全业绩汇报、考评制度，要求青年教师在提升自身专业技能水平的同时更应注重自身的师德建设，也应就青年教师应如何严谨治学、不断提高教学水平和科研能力、培养学生创新能力、对学生做好科技创新指导提出具体要求。在学院内成立大学生科技创新指导教师团队，由学院主管教学工作副院长担任组长，根据专业及研究方向分配，形成了一支结构合理、实力过硬、认真负责的优秀指导教师队伍。要做好一年一度的院级化学技能大赛的培训、命题、评测等一系列竞赛活动。在平日学院团队中相关教师安排指导学生参赛，取得了良好效果。同时，每年对专业导师进行一次专项考核，考核结果与专业导师的聘任及教学酬金发放挂钩，激发专业导师对竞赛指导的投入，为学生参与科技竞赛提供强有力的知识指导和技术支持。

在增强教师对学生指导的同时，也要注重和谐师生关系的建设。例如，定期召开学风建设座谈会激发教师爱岗敬业、教书育人的积极性，增强责任感和使命感，注意加强与学生的沟通和联系。在教学活动中，不仅注重通过生动活泼的教学方法激发学生的学习兴趣和热情，而且要求教师要在日常生活中关心学生的身心健康，成为学生成长的知心朋友，善于听取学生对课堂教学、教师授课、教学管理等方面的意见和建议。

5. 引领学生参与科技创新竞赛

在全方位地提升学生专业素质的同时，要构建大学生科技创新活动体系，开展各类科技竞赛活动，每年定期举办一次，由学院确定创新竞赛活动的项目与内容，组织全院学生积极参与化学竞赛，提高主要基础课程的教学质量，使学生具有扎实的基础理论知识和学习能力，具备实践能力与创新能力。

为更高级别的科技竞赛选拔人才，通过示范作用激发学生热情。从院级科技竞赛中选拔优秀团队，参与更高级别的科技竞赛，这样做有利于推动学生能力培养的深入开展，对于参加市级及国家级比赛的学生，要利用课余及休息时间对学生进行集训，由专业指导教师在实验室内指导学生，提高学生竞赛水平。同时，注重引导和组织本科生参加学校全国"挑战杯"科技创新活动，学生科技立项，国家级、省级、校级大学生创新创业项目，"挑战杯"学生课外学术科技活动，"创新杯"等。在重视实验技能提高的同时，鼓励师生参加各类化学技能竞赛，提升说课授课能力，为就业奠定坚实基础。在锻炼学生实验技能过程中，注重学生科技文章写作能力的培养，指导研究生、本科生积极认真撰写及发表高水平期刊论文。

6. 丰富科研创新活动载体

一是打造开展化学科技节，让基础知识、专业知识、实验知识、实验技能、化学常识等走入学生生活，其中设置的牵手"创新杯"、走进实验室、化学实验技能竞赛、化学趣味实验展示等多个活动让学生切实感受到化学的魅力，并巩固了学生的专业知识，提高了学生设计实验、解决问题的能力以及创新能力。

二是开展食品安全进社区，科技活动进小学等志愿服务活动及暑期社会实践活动，让学生用自己的专业知识践行雷锋精神，用科学知识服务社区，服务群众。

三是对大一新生适时地安排学生晨读、早自习、晚自习，帮助学生养成自主学习的好习惯，并利用晚自习的时间，开展"时空胶囊"写给未来的自己——大一新生大学职业规划系列活动。

四是邀请院内青年博士开设"师生面对面"学术沙龙，该学术活动以学生申报为主，6人以上即可参加，教师根据学生申报的内容和方向，邀请学院青年博士与学生进行交流。通过该形式加强青年教师与学生的交流，努力提高我院学生的专业素养。

五是开展以"修身·治学·成才"为主题的"教授茶会"活动，内容包括专业学习、就业指导、论文写作指导、大学生成才等。

通过全方位打造科技创新平台，为学生夯实基础知识，使学生从被动式学习变为主动式学习，增强动手实践能力，积极主动地查阅有关资料，拓宽学生的知识面，巩固了课堂教学内容与实验技能，提高了学生创新能力。

第二节　我国高校科研育人存在的主要问题

一、科学精神不足，科研育人环境有待进一步优化

立德树人是高等教育的立身之本，是人才培养的根本要求。科研育人功能的发挥首先要求教育者本身具有求实创新、自由探索的科学精神，才能言传身教、春风化雨般培养高素质人才。不可否认，当前不少高校教师还不同程度地存在"科学精神失落"现象，科研领域中急于求成、浮躁功利、投机取巧风气削弱了求真、创新的科学品质，存在不少科研活动偏离探求真理、传播真知、启迪心智、推动社会发展和文明进步的本质要求，纯粹为论文发表的功利目标而做科研，导致不少科研成果是一堆没有学术价值和实践价值的文字垃圾，甚至出现不少为了成果发表进行弄虚作假、抄袭剽窃等学术不端现象。科学精神在大学中不同程度的缺失严重侵蚀科研育人环境，制约科研育人功能的发挥与成效的提升。

二、科研育人意识不强，科研与育人的融合有待进一步加强

科研育人功能的发挥有赖于高校管理者和广大教师积极主动的科研育人意识，具有强烈的培养新时代社会主义未来事业建设者和接班人的使命感和责任感。但是，目前无论是在大学管理者层面还是真正实施科研育人主体的大学教师层面，都不同程度存在着对科研育人意识的忽视现象，造成高校科学研究与人才培养分离，科研育人功能不彰。

随着改革开放以来我国高教改革的推进，国家通过"211 工程""985 工程"到"双一流"建设，推进我国高校学科建设，科学研究在重点建设高校中的地位普遍得到强化，并在很多大学中普遍建立了以科研为重心的大学考核评价体系。但这种大学评价导向也会带来一些消极后果，许多大

学特别是定位为"研究型"的大学后,"重科研、轻教学"现象较为突出,形成事实上的"重科研、轻育人"教师考核管理制度,使大学严重背离了人才培养的主航道。我国高校按照教学型、教学科研型、研究型大学的分类,不同层次的高校承担的社会功能有所不同,特别是科学研究在大学中地位有所不同,但人才培养的育人职能是共有的,积极通过科研与教学的融合,发展科研育人的功能也是共有的。人才培养应是所有大学的主业,即使在研究型大学也要尽快扭转"重科研、轻教学"的观念,而是要把高水平科学研究与教学活动整合在一起,共同支撑人才培养。

除了高校管理部门的管理理念存在偏差之外,部分教育者的科研育人意识也有待进一步提高。不少教师在高校现行考核制度下高度重视科研,但并没有认识到自身作为教师本位的育人角色职能,而是错误地认为育人工作是学生管理部门或思想政治理论课教师的责任,缺乏承担育人职责、提升育人工作的主动性和自觉性。结果是,部分教育者和高校管理者仍沟陷于"以知识传授为中心"和"以考试分数为标准"的片面教学模式,甚至错误认为教学是对科研工作的干扰,或在指导学生的科学研究活动中注重技能性知识和研究方法的传授而轻视思想道德素质的培育,致使科研育人功能得不到有效释放。

由于科研育人意识不强,部分教师对学生科研活动的指导动力不足。在一些大学中甚至出现大学生创新创业培训计划、"挑战杯"等大学生课外学术作品竞赛这些学生参与的科研实践活动中没有多少教师愿意指导的尴尬局面,或缺乏实质性指导的窘境,致使一些高校中科研与育人渐行渐远,亟须改变。

三、科研育人对象偏颇,忽视对本科生的科研训练

高校科研育人实践中,由于研究生实行导师制,我国研究生教育的学段和培养目标也使研究生能够在导师指导下参与科研实践,进行研究方法指导,塑造科学品质,培育科学精神,提升科研能力,科研与育人相对结合较为紧密。2017年10月,科技部、教育部发布的《中国普通高校创新能力监测报告2016》显示:高校科研创新工作有164万硕士研究生和34万博

士研究生参与，极大地支撑了我国高校的研究生培养工作。在理工农医类专业领域科研工作支撑研究生培养情况尤其重要，这些专业领域的2015年研究生在校生数115.4万人，相较2005年翻了一番，在高校教师指导下参与了具体课题研究的研究生比例也由2005年的38.3%增加到2015年的52.3%，我国高校研究生教育领域科研与育人结合相对较好。

但是，在大多数高校中，本科生占学生中的大多数，知识传授在本科生的学习中占有更大的比重，如何把科研活动作为本科生接受科研训练、成长成才的重要依托，成为高校立德树人、引导本科生参与科研实践的重要载体？如何在广大本科生中开展形式多样的科研育人实践？这些课题在很多高校都尚待探索解决。不少高校都存在教授不愿意参与本科生课堂教学，科研骨干专心科研不愿上本科生课程，不能以科研骨干为核心组建教学团队，将科研资源转化为教学资源。另外，本科生可参与的科研实践活动少，课堂学习之外很少进行课外研学，所以本科生比较普遍接受不到扎实的学术基础技能和标准化的学术培训，开拓创新的科学思维得不到训练。让更多本科生参加科学研究活动，并在指导他们开展科学研究的过程中，培养和提高学生的思想品德和科研能力，实现高校科研育人的目标，而这一任务依然任重道远。

四、科研育人参与主体的价值取向和行为导向偏移，实施客体认识偏差

科研育人参与主体是高校，具体来讲是大学教师，实施客体是高校各类学生，学校对于科研育人政策失之偏颇，教师的科研价值取向偏移"育人"中心目标，学生对于在学校全面成长的认识出现偏差，都会使高校科研育人效果大打折扣。刘在洲等（2019）和高玄（2020）通过调查研究总体梳理了高校科研育人在学校层面、教师层面和学生层面存在的突出问题。

一是学校层面重视不够、政策缺失、环境不优、氛围不浓、对教师科研评价有失偏颇、对学生参与科研评价权重不够。根据他们对4所高校的调研发现，学校强调科研育人不足，把科研育人即教师在科研活动中对学生进行思想道德教育纳入教师考核体系的学校很少。高校普遍没有专门关于

科研育人的文件，科研考核也主要针对教师的科研任务，没有将科研育人纳入教师考核体系。此外，环境不优，氛围不浓。大多数教师都普遍反映学校科研育人的氛围远不如教书育人的氛围，领导强调的少、要求不高，广播、报纸、网络宣传的不多，实验室等研究场所没有科研育人的励志格言和典型人物事迹介绍，在学校感受不到科研育人氛围，大气候没有形成。学校科研育人的大气候和团队的小环境不优，影响乏力，已成为大学科研育人的主要障碍。①

二是教师层面上科研功利性较强，做科研的主要目的是职称和职务的晋升，科研育人的意识不强，科研育人的目标偏低，科研育人的主动性欠缺。随着经济社会的发展和大学考核评估体制的变化，教师的科研动机开始产生漂移，掺杂了较多的功利性，大部分教师对应付考核、晋升职称和创收赚钱等功利性追求远高于对科研的社会价值和教育价值的追求。在现行高校考核制度下，高校教师的科研成果是主打，SCI论文、国家级科研项目以及科研项目实际到校经费等问题令某些教师尤其是青年教师压力巨大。囿于这些考核指标，很多教师只能把主要精力放在撰写论文、申请科研项目上面，教学反而沦至次要、边缘的地位，将本该为学生进行更多的"传道受业解惑"转化为为自己考核加分的"论文项目经费"，教学、科研不能很好地进行平衡，忽略了高校教师的初心和本分。教师科研育人意识总体不浓，要求不严。教师科研育人目标偏低，站位不高。调查发现，教师在科研育人目标上，大多把培养学生"严谨求实的学术诚信"排在第一位，把"科学报国和服务人类的科学理想"排在最后。教师科研育人的主动性欠缺，投入不足。大部分教师在科研过程中对学生进行思想道德的教育都缺乏主动性、目的性和计划性。同时，在教育方式上，排在第一的是"行为示范"。通过讲座、讨论、谈心等有意识地专门对学生进行思想道德教育很少，提出思想性较强的要求不够，遇到学生的不良言行给予批评不多。虽然行为示范也是重要的教育方式，但反映出教师科研育人投入精力不足，处于随意、自由的状态，规范性、系统性不够。②

---

①② 刘在洲，谢晨霞，刘香菊，等. 大学科研育人现状、问题与对策：基于H省4所高校的调查［J］. 高等教育研究，2019，40（6）：79-85.

三是学生层面的认知偏差，更倾向于知识的获取与就业辅助能力的提升。根据对大学生和企业单位对就业能力的各项构成要素的调研分析发现，很多大学生普遍低估了个人性格特质、执业能力、就业人格特质、学习能力，他们更倾向于给予求职能力、社会经济因素、学业人力资本、社会资本等更多的权重。基于对就业能力认知的偏差，导致学生在校学习时较多关注辅助能力的获得，而不愿意接受严格的学术训练，提升自己的核心素养。①

第三节 我国高校科研育人功能不足的主要原因分析

目前我国尽管有部分高校在科研育人实践上取得了突出成绩，但整体上存在科研育人功能还未有效释放的问题，原因是多方面的，其中既有高校社会功能扩展带来对人才培养本位职能冲击的因素，也有我国社会环境存在浮躁、功利等不良倾向带来的消极影响，也有当前我国高校体制机制方面的原因，具体体现在以下三个层面。

一、宏观层面上高校办学质量评价制度缺乏对科教融合的引导

从宏观层面看，我国促进科学研究和人才培养有机统一的科教融合机制还缺乏顶层设计，科技部门、教育部门和人力资源部门分别就国家科学研究与技术创新、教育和人才培养制定规划和政策，但缺乏促进彼此之间协同并进的逻辑梳理和制度保障。教育行政部门的学科评估或第三方机构对大学排名的评价体系都主要通过科研成果的发表来进行，并且在管理主义绩效量化评估方法的影响下，通过科研成果的文献计量法进行高校学术评估已经有比较成熟的方法（比如 ESI 评价全球前 1% 的学科）。但是，"十年树木，百年树人"，高校科研的育人性天然就具有长期性和难以量化的特点，考核周期长、工作量大且考核成本高，故各类对高校办学质量评估经常都以高校科研成果的评价代替包括育人质量在内的高校总体评价。教育

---

① 高玄. 高校科研育人的困境及实现路径探析［J］. 黑龙江教育（理论与实践），2020（6）：57-58.

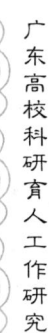

行政部门和第三方机构这些对高校办学质量的外部评价,直接影响高校的社会声誉和资源获取,自然会影响高校在科研与育人之间工作力度的权衡,这正是科教融合长期难以实现的根本性原因。

二、中观层面上高校体制机制对科研育人形成负向激励

高校科研育人的顺利开展离不开制度机制的完善与创新,高校科研育人功能不彰从根本上讲是缺乏相应制度机制来保障高校科研管理体制与人才培养制度的融合机制,目前在促进科研育人的管理机制、评价机制、保障机制等方面都还处于探索性阶段,还远未形成一整套相互联系、相互协调的科研育人体制机制。

在科研育人管理体制方面,科研导师制是高校科研管理体制和人才培养制度的重要支撑,以导师的科研项目为载体,通过充分发挥学生的科研积极性,不断强化创新思维和提升创新能力,从而促进创新型人才的培养。但科研导师制在高校还有待进一步健全和完善,才能进一步提升科研育人质量,加强学生科研能力和创新能力的培养。

由于宏观层面的评价体系把科研成果指标塑造为高校办学质量的"证据",处于中观层面的高校,其理性选择是倾向于获取有利于提高学校排名的"证据",即激励广大教师取得更多科研成果。因而,很多高校都难以独善其身,只能随波逐流地构建与宏观制度相适应"重科研、轻育人"的内部绩效考核评估体系。在这种逻辑的引导下,高校更重视学科建设而非人才培养,更倾向于考核教师的科研绩效而非育人成果。既然宏观层面社会对高校的评价以"学术GDP"为导向,高校的日常教学和人才培养对学校评价的提升贡献力度不大,但若社会对高校评价或排名不佳又会严重影响包括生源、经费和社会声誉在内的高校办学资源。因此,高校管理者必然对教师以科研考核为要,激励多产出科研成果,创造出更高的"学术GDP"成为高校的优先选项。

在科研育人的保障机制方面,目前大多数高校没有建立科研育人组织领导机构和组织管理机制,科研育人的组织保障薄弱,高校内外诸多部门之间也还在探索如何建立起有效的沟通协调机制,提升工作效率。另外,

目前高校也普遍缺乏有关科研育人的质量保障与监督检查机制，在人员队伍保障和经费保障方面也投入不足，导致科研育人工作推进缓慢。

三、微观层面上教师缺乏科研育人有效激励

高校科研成果产出最终依赖于教师的科研活动，从微观层面看，教师科研行为的逻辑受制于高校内部的绩效考核评价制度。在这一激励约束机制下，教师职称晋升、薪酬分配等切身利益与其发表论文、著作和科研项目及其经费等科研成果的具体量化指标密切相关，这必然导致高校教师在安排自己的教学科研工作时会明确以科研为要，教书育人为次。从现实来看，很多高校教师在学校的科研考核压力下，工作时间优先是配置在发表论文、申报项目和拿科研经费上面，投入到教学与育人的时间和精力放在其次，导致教师通过科研积极育人的意愿不足，渠道不畅，将科研成果转化育人资源的积极性更是不高。即便是研究生能够参与导师的科研课题研究项目，但往往仅是安排学生研究任务，忽视科研育人功能。由于科研育人的激励机制缺失，高校教师也缺乏动力促进把科研成果转化为教学资源。甚至出现"为功利而科研"的不良倾向，"为育人而科研"的核心要义却往往被忽视。这种科研功利主义还会带来长远的消极后果，即便教师能够向学生传授科学研究方法，提升学生研究能力，但无法帮助学生塑造科学精神，难以言传身教，帮助学生树立正确的世界观、人生观和价值观，导致科研育人效果差强人意。

第四章
新时代普通高校科研育人的途径：
以广东高校为主的分析

第一节 "科教融合，学术育人"的教学模式创新

党的十九大报告提出，加快一流大学和一流学科建设，实现高等教育内涵式发展。高等教育内涵式发展，绝不是简单的外延式发展模式的纠偏，而是方法论创新。[①] 这种方法论的创新，关键的一点在于大学课堂教学模式的改革。近年来，一些高校探索的"科教融合，学术育人"的新型教学模式，通过"做研究"提高学生的通用能力的做法，值得总结推广。

一、科教融合教学模式创新的行动框架

所谓科教融合的教学模式，就是把高校的科研文化以及教师的相关科研成果、活动融合进入本科生课堂，整合研究性教学和本科生科研，让学生像学者一样做研究，以"做研究"提高学生的通用能力，改变传统课堂只为学生提供单一认知经历（记忆和模仿）的弊端，通过为学生提供多样

---

① 刘振天. 内涵式发展：高等教育本质论、价值论与方法论重建[J]. 大学教育科学，2013（6）：14-20.

化的认知经历,培养学生的实践能力、跨界整合能力、思维能力和创新能力。[①] 这种创新性教学模式的行动框架,主要由以下几个方面构成。

(一) 以高水平科研支撑高质量教学

大学的核心功能是人才培养。但众所周知,大学的人才培养模式有别于中小学的人才培养模式,它重在知识的再生产而非简单的知识传授。因此,提高高等教育质量、提升人才培养水平,必须以高水平的科学研究作为支撑,必须大力增强高校及其教师队伍的科研能力。而要增强高校科研能力,不仅要提高学校整体的科研水平以及教师的科研能力,最重要的还要着力培养出学生的科研能力。要培养学生的科研能力,必须有良好的科研平台支撑;培养高质量的创新型人才,必须有高水平的科研能力支撑。大学尤其是高水平的研究型大学,不论是研究生还是本科生,都应参加科研活动,通过形式多样的科研活动,培养学生的科学精神和科学素养,以及创新意识和创新能力,使他们不仅能够了解知识、学习知识、掌握知识,更重要的在于能够自己灵活地运用知识、创造知识。以华南师范大学的"华南先进光电子研究院"为例,该研究院在整合全校已有相关优势资源、引进海外高层次人才和创新科研团队(见表4-1)、吸收国内外先进管理经验的基础上,以进驻大学城校区的部分研究团队为主体组建了一个新型的高水平科研、教学单位。其所依托的光学学科为国家重点学科,引入高水平、新机制和国际化的办院理念,着力打造成国内先进、国际一流的科学研究、人才培养与社会服务基地。自建院以来教师团队已获竞争性研究经费约3亿元,该院师生已在 *Nature Communication*, *Advanced Materials* 等材料学科领域的顶级期刊发表系列论文,多位本科学生获得"挑战杯"全国特等奖或一等奖,科研成果在重要 SCI 刊物发表。可以说,通过科教融合的途径培养创新型人才已取得显著成效。

---

① 周光礼,周详,秦惠民,等. 科教融合 学术育人:以高水平科研支撑高质量本科教学的行动框架[J]. 中国高教研究,2018(8):11-16.

表4-1 华南师范大学华南先进光电子研究院高水平科研条件

各类高层次人才	院士（中外）	6人
	国家杰出青年科学基金（含海外）获得者	2人
	教育部"长江学者"特聘（含讲座）教授	2人
	教育部创新团队	1个
	广东省创新科研团队	2个
	广东省领军人才	3人
	"珠江学者"特聘教授	2人
	"广东特支计划"入选者	3人
各类高层次科研平台	省部级及以上科研创新平台	10个
	国际联合实验室建设情况	4个

（二）实施"三步推进研究性教学"

"教学相长"的理念本是大学教学的核心理念之一。然而，在传统的教学模式下，大学教学尤其是文科教学，评价教师教得好不好主要看课堂效果，学生学得好不好侧重看考试成绩。其结果是：教师没有动力去把自己的高质量科研成果通过课堂向学生讲授，而学生也没真正养成自己的独立思考和研究意识，导致知识的再造能力普遍缺失。通过坚持"真正的学习产生于学生的自我建构中"的理念，实现"教师讲授"向"师生研讨"与"学生探究"的平稳过渡，推进"教师本位的建构"向"学生本位的建构"转变。基于这一理念，中国人民大学相关院系专业探索了"三步推进研究性教学"新模式，将通用能力的培养，分阶段、分步骤实施。第一步是教师讲授，即讲授新科研成果，展示教师本位的建构；第二步是师生研讨，即通过引入前沿文献，冲击学生已有建构，为学生重构知识结构提供可能性；第三步是学生探究，即学生组建团队承接教师的科研课题，像学者一样做研究，通过研究提升能力，着力于学生本位的建构。

"三步推进研究性教学"新模式，实行大班讲授、小班研讨、分组研究这种创新性课堂模式，每个研究小组由4~5人组成。其中最关键的一步是第三步，即学生积极参与课外科研立项活动，在教师的全程跟踪指导下，通过对科研工作的各个阶段和各个环节的亲身体验，真正达到教学相长的效果。例如，学校可以组织学生参与国家、省、市、校级等各个层面的科研立项如"挑战杯"等活动，这些活动一部分是由学校教师组织，通过学生参与教师选题，对立项进行研究，最后教师对研究成果予以评价并颁发奖励；另一部分是通过教师和学生申请省级、国家级研究课题。教师申请科研课题，要学生参与到课题的研究中，和教师共同完成科研项目。实践证明，学生通过参与科研活动，大大增强了自身的问题意识和批判精神，提升了分析问题和解决问题的能力，无论是对升学深造还是毕业就业，都大有裨益。

（三）坚持"学科、专业、课程一体化"建设

近年来，不少学校围绕本科生科研素养和通用能力的培养，将教师高质量的科学研究成果和经验经过转化之后运用于课堂教学和人才培养，以此增强教师的成就感，能够有效化解教学和科研矛盾，以及学科建设和专业建设、课程建设之间的矛盾。例如，深圳大学尝试把科研人员基金项目申报经验分享引入本科生和研究生课堂，让成功申报基金项目的教师走入课堂，详细分享在课题项目申报写作过程中，他们是如何寻找和聚焦研究问题、开展文献综述、构建和阐释研究框架、介绍说明研究方法等内容的。此举在大学教师与学生间建立起了科研工作"教"与"学"的有机联系，对于增强学生的问题意识和科研工作的规范性起到了很好的推动作用。

在如何将高质量的前沿科研成果转化运用于课堂教学方面，以下几种模式在教学实践中较具代表性：① 一是科研成果——补充式课堂教学案例模式。该模式是在以理论知识讲授为主的课堂教学过程中，在相关内容讲授过程中，教师以短小、具体、形象的案例形式将自身科研成果展示、讲授给学生，这样不仅可以拓宽学生的视野，还可以通过自身科研创新实践的批判创新精神感染和激励学生。二是科研成果——研讨式课程教学案例模式。该模式是教师将自身成体系的科研成果转化成一门研讨式课程，这样

---

① 裴正兵，田彩云. 高校教师科研成果转化教学案例意义、基础与模式研究 [J]. 高教学刊，2018（17）：82-85.

不仅可以强化学生的批判和创新精神，而且还可以系统化培养学生的批判、研究和创新能力，达到通常补充式课堂教学案例模式所实现不到的效果。三是科研成果——专业实验教学案例模式。实验教学在大学生的创新意识、创新思维和创新精神的培养中具有不可替代的作用，更是提高整体教学质量的根本保证和有效途径。特别是工程技术类专业的科研成果，更适宜通过转化为实验型教学案例，服务于工程技术类专业人才的培养。四是科研成果——专业毕业设计（论文）教学案例模式。在本科生的毕业设计（或论文）中，可以与指导教师的科研成果或课题相结合。这样既可以鼓励学生从事科学研究活动，系统化培养学生的研究与创新能力，还可对教师的科研成果进行既可验证性或适用性检验，也可以师生共同对既有科研开展进一步进行深入研究，实现科研、教学和人才培养的有机融合、共同促进。

（四）探索现代信息技术与教育教学的深度融合

进入 21 世纪以来，现代信息技术获得突飞猛进的发展。如何充分利用现代信息技术，加强其与大学教育教学的深度融合，尤其是在教师科研与教学之间构建起有机的连接，成为国内外大学争相解决的热点问题。对此，我国的教育管理部门也相当重视，提出要"推动课堂教学革命"，以学生发展为中心，通过教学改革促进学习革命，积极推广小班化教学、混合式教学、翻转课堂，大力推进智慧教室建设，构建线上线下相结合的教学模式。因课制宜选择课堂教学方式方法，科学设计课程考核内容和方式，不断提高课堂教学质量。

近年来，中国人民大学通识课程教学尝试建立了基于维基平台（WIKI）的"学习社区"。该"学习社区"实行模块化管理，便于操作，在不增加教师过多负担的前提下，借助便捷的现代科学和信息技术，为学生学习创造了良好的软环境，延伸了课堂，既为学生学习提供便利条件，也减轻了教师的工作负担。同时，将"学习社区"变成教师教学发展的平台，形成了积累教学知识、深化教学知识、创新教学知识的"教学共同体"。与此同时，中国科学技术大学、中山大学、南京农业大学、山东理工大学等高校在科研信息化、教学信息化及相关资源建设方面也积累了较多的经验。这些高校启动了"科教融合的教育科研资源中心与学习平台"项目，通过科研与教育资源中心、知识体系推荐引擎、应用及资源开放接口这三大应用模块的建设，构建易用、开放、可持续发展的科教资源积累与应用平台，积极探索信息化条件下的科教结合机制，实现教学资源和科研资源的积累与建设，促进教学科研融合，提供终身学习的环境和资源，促进人才教育培养模式的创新。

二、实施科教融合教学模式创新应注意的几个问题

（一）科研育人是实施科教融合教学模式创新的初心

"培养什么人，怎样培养人"或者说立德树人，乃是现代大学办学的根本问题。高校通过科教融合的教学模式的创新，初心是既要培养实践能力、跨界整合能力、思维能力和创新能力出色，又要弘扬爱国奋斗精神、培养建功立业新时代的社会主义建设者和接班人。简言之，科教融合教学模式改革的根本目的在于培养德才兼备的创新型人才。但在实践中，要防止只重视培养学生的科研实操能力，不重视乃至忽视学生个人品德修养的倾向。尤其是不能让学生成为只会写文章、发论文的人，关键是要先学会做人。

对此，2017年12月5日，中共教育部党组印发《实施纲要》，明确提出要"着力加强科研育人"的原则和要求。该《实施纲要》指出，改进科研环节和程序，把思想价值引领贯穿选题设计、科研立项、项目研究、成果运用全过程，把思想政治表现作为组建科研团队的底线要求。完善科研评价标准，改进学术评价方法，健全具有中国特色的学术评价标准和科研成果评价办法，构建集教育、预防、监督、惩治于一体的学术诚信体系，治理和遏制学术研究、科研成果不良倾向，组织编写师生学术规范与学术道德读本，在本科生中开设相关专题讲座，在研究生中开设相应公选课程。培养师生科学精神和创新意识，实施科研创新团队培育支持计划、科教协同育人计划、产学研合作协同育人计划等项目，引导师生积极参与科技创新团队和科研创新训练，及时掌握科技前沿动态，培养集体攻关、联合攻坚的团队精神和协作意识。加大学术名家、优秀学术团队先进事迹的宣传教育力度。大力培育全国高校"黄大年式"教师团队，培养选树一批科研

育人示范项目、示范团队。①

（二）科教融合需要有较好的平台和条件支撑

从某种意义而言，高校实施科教融合的新型教学模式，这是一种科研和教学的高位结合，带给学生的是高峰体验，必须要有较好的科研基础和科研平台支撑。一所大学如果没有高水平学科，没有高水平师资，没有充足的科研经费，没有高水平的研究平台，科教融合将缺少脊梁，科教融合将是空中楼阁，只会低位运行，难以为继。同时，如果没有良好的学术氛围和政策导向，科教融合也可能一厢情愿或在个别学院、个别学科一枝独秀，很难在整所学校百花齐放，形成科教融合、百舸争流的良性局面。事实上，无论从以前的"211工程""985工程"建设，到当下的"双一流"大学建设，均说明这些高校才真正具备科教融合的基础和条件。反言之，一般的普通高校由于不具备系统的高水平学科、师资、平台，难以轻言也要推进科教融合的教学模式创新。

（三）科教融合需要政策机制的保障②

科教能否融合、科技资源能否很好地转化为教学资源，关键在体制机制，尤其是打基础、管长远的体制机制，不建立这些体制机制，单靠部分教师自发行为，不可能成为学校主流和风气。对此，《教育部关于加快建设高水平本科教育全面提高人才培养能力的意见》（教高〔2018〕2号），提出了10个方面、40条意见，尤其在第五个方面"全面提高教师教书育人能力"中，对如何从完善政策机制层面保障大学科教融合教学改革有了具体的规定。综合起来看，一是要进一步倡导教学文化，提高教学声誉，强调教学和科研相关性，在教师晋升和续聘政策中承认良好本科教学和良好研究之间的关系；二是对开展研究性教学、参与跨学科教学和指导大学生科研的教师要给予肯定和奖励；三是创造条件开展小班教学，对能够在大班教学中取得优秀成绩的教师给予充分肯定和奖励；四是明确规定科研平台和经费应该推动本科教育发展，利用科研经费聘用研究人员和本科生科研

---

① 教育部. 高校思想政治工作质量提升工程实施纲要［J］. 高等职业教育探索，2017，16（6）：33.

② 李忠云. 科教融合 学术育人［J］. 中国高校科技，2012（1）：12-14.

指导教师；五是大型专业科研会议如全国学科会议应安排一个或多个讨论，着重研究本科教育的新观点和课程模式；六是进一步改革人才培养方案，为本科生开展科研提供时间保证；七是加大对本科生开展科研的必要经费投入等。

第二节 科研（训练）过程育人

本科生科研训练是培养高素质创新型人才的重要途径，也是科研育人的核心内容，20 世纪 90 年代开始，我国高校在借鉴国外高校发展经验的基础上将本科生的科研训练作为本科教育的重要内容，探索出了创新型人才培养的多元化道路，取得了较好的成效，本科生科研训练逐渐从一种个别的、自发的课外活动转变为一项自觉的、系统性的探究性学习活动。①

一、国内外高校本科生科研训练概况

（一）国外的情况

19 世纪初，德国教育家洪堡在创立柏林大学的同时确立了教学与科研统一的原则，即教师应通过在教学中展示最新的科研成果，提高教学水平；学生应通过参与科研活动，提高学习的效率。美国的高校受到著名教育家约翰·杜威所倡导的"做中学"（learning by doing）思想影响，很重视本科生的科研训练，旨在通过培养学生的创新精神和实践能力使他们能够解决社会发展过程中产生的重大问题。1969 年，玛格丽特·拉·麦克维卡尔教授在"做中学"理念的引领下，在麻省理工学院开创了首个本科生科研训练项目。同年，麻省理工学院将大学生参与科学研究活动纳入学校本科生培养的教学计划之中，在全校范围内实施"本科生科研机会项目"（Undergraduate Research Opportunity Program，简称 UROP），该项目重视本科生科研训练实施环节的管理工作，建立起了较为系统全面的本科生科研训练激励制度，从而开创了从学校层面系统组织本科生参与科研训练的先河。

---

① 俞林伟，施露静，周恩红. 我国高校本科生科研训练的发展历程、困境与未来方向 [J]. 高等工程教育研究，2015（2）：89-93.

据统计，麻省理工学院超过80%的毕业生至少参加过一个本科生科研机会项目。① 20世纪70年代末，加州理工学院也开始鼓励本科生参与科研工作（见表4-2）。加州大学伯克利分校、华盛顿大学等学校也分别成立专门办公室，并组织学生参加科研训练和提供服务，尤其是加州大学伯克利分校在这方面采用了创新的方法与方式，并形成了著名的"伯克利模式"。②

表4-2 北美部分高校本科生科研训练项目名称及提出时间

学校	项目名称	提出时间
麻省理工学院	本科生科研机会项目（Undergraduate Research Opportunity Program，简称UROP）	1969年
加州理工学院	暑期本科生研究奖学金项目（Summer Undergraduate Research Fellowships，简称SURF）	1979年
加州大学伯克利分校	本科生科研学徒计划（Undergraduate Research Apprenticeship Program，简称URAP）	1991年
华盛顿大学	本科生科研项目（Undergraduate Research Program，简称URP）	1995年
多伦多大学	研究计划计划（Research Opportunity Program，简称ROP）	1995年

资料来源：邝浩《国内外本科生科研训练计划的比较研究》，《教育学术月刊》2014年第5期。

（二）国内的情况

我国高校自20世纪90年代以来，也开始重视本科生的科研训练，如清华大学1996年开始正式实施"大学生研究训练计划"（SRT），让本科生直接参与或制订研究项目，开展科研活动，实现了学习与科研的有机统一，并逐步把学生科研能力培养训练纳入本科教学计划和人才培养的评价体系，要求本科生在校期间必须取得科研能力训练的学分才能合格毕业。此后，

---

① 尤兰芳，陆玲，徐彬，等. 麻省理工学院本科生科研训练激励机制分析及启示[J]. 中国农业教育，2018（6）：66-71.

② 赵大球，孟家松，孙静，等. 本科生科研训练的探索与实践[J]. 教育现代化，2018，5（29）：69-70.

浙江大学于 1998 年试行了"大学生科研训练计划"（SRTP）计划，让学生在训练中了解学科的发展历史、现状及未来发展动态，学会采用科学的方式思考问题、分析问题和解决问题，进而形成创新意识。中国科技大学 1999 年开始实施"大学生研究计划"（URP）计划（见表 4-3）。2002 年以后，本科生科研训练计划更是在全国范围内展开，上海交通大学、国防科技大学、南京大学、中山大学、南京理工大学等研究型大学也都逐渐开展了本科生科研计划，本科生科研在我国大学已成为普遍现象。①

表 4-3　我国部分高校本科生科研训练项目名称及提出时间

学习	项目名称	提出时间
清华大学	大学生研究训练计划（Student Research Training，简称 SRT）	1996 年
浙江大学	大学生科研训练计划（Student Research Training Program，简称 SRTP）	1998 年
复旦大学	本科生学术研究资助计划（Fudan's Undergraduate Research Opportunities Program，简称 FDUROP）	1998 年
中国科技大学	大学生研究计划（Undergraduate Research Program，简称 URP）	1999 年
上海交通大学	本科生研究计划（Participation in Research Program，简称 PRP）	2001 年
河海大学	设立"工程训练中心"	2002 年
东南大学	大学生科研训练计划（Student Research Training Program，简称 SRTP）	2004 年
北京大学	本科生研究型学习课程（Undergraduate Student Research Study，简称 USRS）	不详

资料来源：邴浩《国内外本科生科研训练计划的比较研究》，《教育学术月刊》2014 年第 5 期。

---

① 惠阳，陈文豪. 关于本科生科研能力培养的思考［J］. 化学教育（中英文），2014，35（6）：7-13.

二、本科生科研训练的目标定位

在设立本科生科研训练计划的高校,尤其是研究型大学,普遍将这一计划作为本科生教育的重要组成部分,而不再是课余的一种可有可无的兴趣活动,旨在通过科研训练全面提升学生的能力素质,并在计划实施的各方面给予有力的保障。

美国高校普遍将本科生科研创新能力的培养上升到战略高度,并为了创造和维持良好的本科生科研训练体系,众多高校都根据自身的资源情况和人才培养的定位,制定了明确且详尽的战略计划,[1] 比如麻省理工学院的本科生科研机会项目是其本科教育的关键组成部分,是将本科教学的重心聚焦到教学与科研相结合的重要手段,旨在通过这样一个完整的学术研究过程培养学生诚信的品质,以高标准自我要求的习惯,以及与他人合作的能力。本科生科研机会项目的具体目标为:使本科生与教师、研究人员、研究生以及其他具有相似研究和职业兴趣的本科生建立有意义的联系;为本科生提供更多机会了解专业,或探索另一个感兴趣的领域;帮助本科生获得未来职业所需的知识和实践技能;引导本科生将课堂学习的知识应用于解决现实问题和实际研究,从实践中获得新知识;形成研究成果,包括共同撰写论文、制作海报、参加会议、发明申请专利、启动初创公司等形式。[2]

类似于麻省理工学院,清华大学在 1996 年设立的大学生研究训练计划旨在进一步调动学生课外学习钻研的主动性、积极性,使本科生及早接受科研训练,并在研究训练过程中,充分发挥学生独立思考、探索和渴望解决问题的精神,激发学生学习、研究、实践的兴趣,以期培养学生的创新意识和创新能力。清华大学将本科生的科研训练作为满足"高素质、高层次、多样化、创造性"人才培养需要的重要途径,尝试借助该计划形成一

---

[1] 高众,刘继安,陈健坤. 卓越本科生科研训练体系构成要素及运行机制:基于美国高校实践的分析 [J]. 比较教育研究,2018,40(4):55-61.

[2] 尤兰芳,陆玲,徐彬,等. 麻省理工学院本科生科研训练激励机制分析及启示 [J]. 中国农业教育,2018(6):66-71.

套有利于启迪学生的理解力、判断力、洞察力、想象力和应变能力的教育新机制。① 浙江大学于 1998 年开始试行的大学生科研训练计划,也重点让学生在训练中了解到学科的发展历史、现状及未来发展动态,学会采用科学的方式思考问题、分析问题和解决问题,进而形成创新意识。

三、本科生科研训练的主要途径

(一) 设立本科生科研项目

以往高校学生参与科研工作的主要途径是参加教师的科研团队,加入到某个项目的研究中,被称为学徒制的科研训练活动,这种模式有助于学生尽快掌握相关技能,融入学术共同体。目前,高校本科生科研训练体系在以往学徒制的基础上,更加突出了学生在科研训练上的自主性,即鼓励学生自主提出研究课题,学校通过各类专门针对本科生的科研项目计划或"挑战杯"等活动对项目研究给予支持,并安排教师给予指导。国内一些知名研究型大学在这方面做了大量工作。

清华大学的大学生研究训练计划专门设置了针对本科生的科研项目,在 1996—1999 年期间,每年立项 100 项左右,参加学生 200 多人。2000 年,学校配套了一些管理制度,在投入上获得"985 工程"建设资金的大力支持,增加了项目的申报启动频度,由每年一次立项增加为两次立项;在运行方式上,建设了网络化信息平台,代替了书面方式,从而使大学生研究训练计划从立项申请、中期检查到评阅结题等一系列过程实现现代化管理。每年立项增至 500 余项,参加学生达 1 100 余名。2003—2008 年,该计划规模趋于平稳,每年立项保持 700 多项,参加学生 1 400 多名,至 2008 年,学校累计参加学生逾万人,已达到 50% 左右的学生在大学四年期间有机会参加一次大学生研究训练计划。②

北京大学自 1998 年以来,学校积极吸引和筹措资金,设立了各类本科生科研项目,鼓励大学生开展有序和规范的科学研究活动。目前,北京大学资助本科生进行科学研究活动的基金主要有以下几种:"国家大学生创新

---

①② 马璟,孙若飞,彭方雁. 寓学寓教于研 培养创新人才:清华大学 SRT 计划十二年回顾与展望 [J]. 中国科教创新导刊,2008 (14):64,66.

创业训练计划",2012年由教育部设立,其中"创新训练项目"主要支持导师指导下的本科生个人或团队科学研究工作。优秀项目有机会参加年度国家大学生创新创业年会。目前,该计划主要资助基础理科研究。"北京市大学生创新计划",2008年由北京市教育委员会设立,通过市教育委员会与市属高校共建途径予以支持。该项目资助理工科及哲学社会科学研究项目。"箬政基金",1998年由李政道先生及家人捐赠设立,北京大学、复旦大学、上海交通大学、兰州大学、苏州大学、台湾清华大学(新竹)参与,设置六校暑期科研交流环节,女生比例不低于50%,支持基础学科研究。"校长基金",2002年起由北京大学专项拨款设立和支持,全校本科院系均可申报。"北京大学毛玉刚科学研究基金",2006年由毛玉刚夫人及友人捐赠设立,支持环境类学生科研项目,环境相关主题,主要覆盖物理、化学、工学、地空、城环、环科。"钟夏校际科研资助基金",2012年由钟赐贤博士及夫人夏晓峦博士捐赠设立,支持能源类学生科研项目,鼓励校际交流及自主项目,能源相关主题,主要覆盖物理、化学、工学、城环、环科。"北京大学华宝学生科研协同创新发展基金",2015年在北京大学教育基金会的支持下,由华宝公司捐资设立,全校本科院系均可申报。

　　复旦大学的本科生学术研究资助计划是为支持本科学生参与学术研究而搭建的平台。目前该计划包含四个项目,分别是:①1998年起,由李政道设立的"箬政中国大学生见习进修基金",简称箬政项目,旨在倡导本科生参与学术研究。②2003年起由复旦大学组织开展"复旦大学本科生学术研究资助计划"的望道项目,该项目的基本特色是采取教师公布与学生自主提出课题相结合的课题征集形式,利用一个课题、一个学生和一个导师的方式,通过多层次的课题审核制度和相关经费管理办法使学生在具体学术研究过程中受益和成长。③2008年起,组织开展"复旦大学本科生学术研究资助计划"的曦源项目,在院系层面进一步拓展该计划,扩大受益面。④2012年起,组织开展登辉项目,鼓励学生自主为某些理论设计实验,或为实验室制作设备。2006年起,教育部在复旦大学实施"国家大学生创新性实验计划";2007年起,上海市教育委员会在复旦大学实施"上海市大学生创新活动计划",学校从上述四个项目中择优推荐。该计划给本科生提供了展示自己创新思想的机会。项目的承担者需收集文献资料，制订研究计划，设计并参加每一个具有学术标准的研究活动，分析数据，设计并撰写提议，用口头及书面形式描述研究成果。在这个过程中，该计划为项目的可行性提供指导和帮助。①

（二）开设科研课程

除设立科研项目之外，开设科研课程也是对本科生进行科研训练的重要途径，如近年来，中山大学医学部不断革新医学教育模式，积极打造"探索性实验"课程、"学生科研"活动等教学平台，注重对学生科研与创新能力的培养。自1997年起，中山大学医学部创建了"实验生理科学"课程，将生理学、病理生理学与药理学三门学科有机整合，开创了"经典实验—综合性实验—探索性实验"的三段式教学模式，其中"探索性实验"是指学生以小组为单位，独立完成文献查阅与综述、课题确立与申请、方案确定与实施、论文撰写与发表的全过程，使中山大学中山医学院全部学生都能接受科技创新能力的训练。而"科研强化训练"是指在探索性实验的基础上，教师利用业余时间和已有的科研条件指导学生进行自主科研性学习，主要包括暑期科研项目，业余科研小组和广东省或国家级大学生创新性训练项目。②

沈阳医学院通过"医学科研方法概要""现代医学实验技术概要"等科研选修课为引导，使学生在开始从事科研活动前能够建立起一定的兴趣，积累一定的知识和技术，从而减少学生科研活动中的盲目性，避免对学生积极性的挫伤。在设立科研选修课的同时，沈阳医学院还开展了一系列的教学改革，一是改革传统的灌输式教学方法，深入开展PBL、TBL、案例式、学导式、启发式教学，鼓励学生敢想、敢说、敢问，敢于发表与教师不同的意见，引导学生形成批判性思维。二是在课堂教学中适时、适量地增设科研原理、科学实验、科技简史的讲解，引入新进展、新方法、新技

---

① 乔连全，黄月华. 中美研究型大学本科生科研的比较与反思［J］. 高教探索，2009（4）：63-70.

② 谢蕴灵，罗海丹，陶心琢，等. 中山大学医科学生参与科研活动对其科研能力影响的调研［J］. 高校医学教学研究（电子版），2018，8（5）：25-29.

术的介绍。三是组织学科、学术带头人面向学生就自身的科研工作进行专题学术讲座；鼓励学生参加学校、基础医学院举办的外请专家、校内专家学术报告；开设大学生自我管理的论文、综述报告会和大学生科技论坛等。①

（三）改革本科生毕业论文制度

作为实践性教学环节，毕业论文也是本科生进行科研训练的重要途径。毕业论文是学生在教师的指导下通过完成具有一定理论意义或应用价值的科研课题，进而培养学生具有能够运用专业知识来分析问题、解决问题的能力。作为本科教育的最后考核，本科生毕业论文对培养学生的基本科研能力意义重大。"大学生创新计划"等科研项目只能针对小部分对科研感兴趣的本科生提前体验真实的科研过程，而本科毕业论文则是面向全部本科毕业生，是验证本科生四年大学生涯学习成果的考验。②但目前我国高校毕业论文或设计存在题目缺乏新意，与实际应用脱节，学生分析问题和解决问题的能力不够，毕业论文的质量不高，少数毕业论文存在抄袭和拼凑现象，以及指导教师没有投入足够的精力来指导学生等问题。针对这些问题，一些高校在毕业论文（设计）方面进行了改革。

一是为本科生毕业论文写作提供充足的时间，如湖北工业大学电气与电子工程学院从大学三年级就开始设立创新实践环节，即毕业设计的前期工作环节，安排在第5、第6、第7学期，与之衔接的第8学期的毕业设计就是将创新实践环节的工作整理成毕业论文，参加毕业答辩。中国石油大学（华东）则将毕业设计时间由原来的一个学期改为一个学年，即全学年毕业设计教学模式改革。

二是保证学生能得到教师的充分指导，如湖北工业大学电气与电子工程学院提出了团队指导的方法，即首先将研究方向一致的教师组成团队，通过团队来指导学生的毕业论文，如当团队内的某个教师因公事出差时，

---

① 张量，张忠，祁源，等. 以科研课程为引导的地方高校大学生科研创新能力训练体系的构建［J］. 世界最新医学信息文摘，2016，16（104）：297，300.

② 赵大球，孟家松，孙静，等. 本科生科研训练的探索与实践［J］. 教育现代化，2018，5（29）：69－70.

其他教师可以代替其开展毕业设计指导。东华大学非织造材料与工程专业为解决高级职称教师精力不足的问题，扩大了指导教师队伍，聘请热心教育工作的有关单位的专家参加毕业论文指导工作，初级职称的教师和教辅人员也参与本科生毕业论文的指导工作，让学生得到多渠道的服务与指导，从而提高毕业论文质量。

三是提升毕业论文的选题合理程度，湖北工业大学电气与电子工程学院促进学生选题与教师课题结合，尽量做到理论联系工程实际，提倡实战型的题目。中国石油大学（华东）工程管理专业采取"师生共赴企业调研，题目源于企业"的方式，要求毕业设计题目必须源于企业真实需求，师生共同到企业调研 1～2 周，并实行校企合作指导的"双导师指导制"。

（四）构建导师支持体系

导师是本科生进行科研训练体系中非常重要的一个要素，近年来，国内高校也不断完善本科生科研训练的导师体系，有了一些比较成功的探索。例如，南京理工大学环境工程专业自 2011 年以来在校内首创并推行了优秀本科生专业导师制，要求专业教师对部分优秀本科生因材施教，实现了部分学生的个性化培养，取得了一定的成效。近年来，南京理工大学环境工程专业又进一步进行了以有效导学为核心、以多维度导师全程导学为实施途径的改革实践，构建了由专业导师、行业导师、班导师、朋辈导师及辅导员为引导主体的五维导学模式，重点进行了专业导师维度的改革，挖掘了专业导师在本科人才培养中的作用，确定了其科研引领的角色定位。①

第三节　科研规范育人

大学作为人才培养的主要场所，道德教育是其中的重要内容之一，而学术道德和学术规范又是道德教育中的一个重要组成部分。学术道德和学术规范的教育，一方面有利于推动大学中科研水平的提升，另一方面也有助于大学生整体道德水平的提高。我国教育管理部门和高校在本科生和研

---

① 谢慧芳，江芳，陈守文，等. 研究型大学中五维全程导学模式的构建及实践：以南京理工大学环境工程专业为例 [J]. 大学教育，2018（11）：47-50.

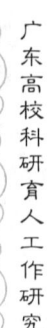

究生学术道德和学术规范的教育方面有了多方面的探索。

一、制度建设

近年来,我国研究生学术道德下滑和失范的问题突出,这要求国家从制度层面来进行规范。教育部首先出台了一系列的文件来进行整顿。2002年,教育部《关于加强学术道德建设的若干意见》指出:"高等学校校长要亲自抓学术道德建设,形成全面动员,齐抓共管,标本兼治的工作格局。要将端正学术风气,加强学术道德建设纳入学校校风建设的整体工作之中,进行统筹规划和实施,使这项工作真正落到实处。"尤为重要的是,2004年,教育部社会科学委员会制定并出台了《高等学校哲学社会科学研究学术规范(试行)》,内容包括总则、基本规范、学术引文规范、学术成果规范、学术评价规范、学术批评规范和附则等,成为规范包括研究生在内的整个学术共同体学术行为的第一部"学术宪章"。2005年和2006年,教育部又先后下发《关于进一步加强和改进师德建设的意见》和《关于树立社会主义荣辱观 进一步加强学术道德建设的意见》,进一步对全国的学术道德和学术规范建设进行指导。[①] 中国科学技术协会于2017年印发的《科技工作者道德行为自律规范》中明确要求广大科技工作者要严于自律,在名利诱惑面前心态平衡,坚守"反对科研数据成果造假、反对抄袭剽窃科研成果、反对委托代写代发论文、反对庸俗化学术评价"的底线,坚持"自觉担当科技报国使命、自觉恪尽创新争先职责、自觉履行造福人民义务、自觉遵守科学道德规范"的高线,保持对以学术为天职的神圣感与对科学真理的尊崇和信仰,科研道德"不应当被看作是外在的道德规范和约束的结果,也不是简单的道德自律。学术规范背后的核心问题是,科技工作者对他们所从事的科学研究是否有内在的热爱和尊崇。这种热爱和尊崇实际上是一种信仰"[②]。

---

① 于展. 研究生学术道德与学术规范教育述评[J]. 社会科学论坛, 2010(12): 114-118.

② 韩天琪. 学术道德:根本在于回归科学本义[N]. 中国科学报, 2017-08-21(7).

除教育部和科技部门等的制度建设之外，高校也加强了学术道德和学术规范的制度建设，如北京大学是国内较早建立学术道德专门工作机构的高校之一。2007年，学校专门成立了学术道德委员会，由校长亲自担任主任委员，各学科领域的知名专家和学者担任委员。委员会的职责是负责制定、解释和评估学校学术道德方面的政策、规定和存在的问题，接受对学术道德问题的举报，并对有关学术道德问题进行独立调查和审议。在学术道德委员会下设立专门办公室，由学校相关职能部门的具体管理人员组成，研究生教学管理系统和德育工作系统作为其中主要成员，负责全校研究生学术道德规范方面的具体事务管理，从而与研究生培养的过程管理、学位论文、科学研究、思想政治教育等方面有机结合起来。与机构设置配套的是规章制度的建立健全。北京大学陆续制定和发布了一系列与学术道德规范相关的规章制度，包括《北京大学学术道德规范建设方案》《北京大学学术道德委员会工作办法》《北京大学研究生基本学术规范》《北京大学研究生学位论文的基本要求与书写格式》《北京大学学位论文抽查制度》《北京大学博士学位论文匿名评阅和导师在答辩中回避评议制度的实施原则》等一系列文件，为研究生学术道德规范教育提供了有力的制度保障和政策依据。

二、学术道德规范教育

在制度建设的基础上，高校纷纷加大了学术道德规范教育的力度，如北京大学近年来倡导各院系根据学科发展和人才培养的需要，适时调整学科培养方案，把研究生学术道德规范及科学研究方法的相关课程列入专业培养方案中，并对学分设置、课程学习提出了明确的要求；提倡不同学科的资深教授、热心学术道德规范教育的教师主持本学科的研究生学术道德规范类课程，把学术道德规范教育落实到日常教学工作中，引导研究生掌握从事科学研究的基本原则、规范、理论和方法，结合科学研究方法的讲授和指导，使研究生了解本学科的最新发展动态，培养其创新思维和研究能力。为提高研究生的学术素养和科学精神，学校研究生院从2010年秋季起，开设"研究生科学精神与学科素养"公共课程（也称"才斋讲堂"），每学期邀请不同学科领域的知名学者，举行10次学术报告。2004年，北京大学化学学院把"学术道德研究"（全名为"学术道德规范与科技论文写作课"）作为研究生的必选课推出，全院四百名研究生必须上这门课。① 除北京大学之外，兰州大学也开设了"学术道德规范与形势政策"，四川大学开设了"学术道德与学术规范"等研究生必修课。浙江大学通过登录研究生学术规范考试网的方式对入学新生进行学术规范知识的在线考试。天津大学将其开设的研究生数字化"学术道德规范教育"课程作为博士生培养的必修环节之一。

一些大学的教授专门编写了学术规范方面的教材，由中国政法大学杨玉圣、张保生主编的《学术规范导论》《学术规范读本》在2004年先后出版，南京大学叶继元教授等编著的《学术规范通论》也于2005年出版。这些教材的出版也对学术道德规范的教育起到了很好的助推作用。

三、宣传教育

通过多种方式的宣传教育构建良好的校园环境和校园文化，也是让学术道德与学术规范教育深入人心的重要途径。一些高校通过在校园里开展学术道德、学术规范主题教育活动，通过专题讲座、沙龙讨论、征文活动、签名活动、签订承诺书、主题班会、案例警示等形式，让本科生和研究生充分认识学术道德和学术规范的重要性，了解学术规范的内容和要求。② 中国科学技术协会第七届常务委员会设立科技工作者道德与权益专门委员会，从2007年5月至2010年10月，先后在清华大学、浙江大学、上海交通大学、兰州大学、中南大学、上海生命科学院等高校和科研院所举办科学道德教育报告会9场，超过1.5万人次的高校学生接受了教育。2011年年底以来，山东、上海、湖北等省市主管科学和教育的机构，开始先后成立科学道德和学风建设宣讲团，各级各类学术道德宣讲报告会接连召开，广大在校研究生和本科生接受了深刻教育。一些高校请著名学者为新生做有关学术道德规范的报告，如2004年3月4日，时任北京大学校长许智宏院士

---

①② 于展. 研究生学术道德与学术规范教育述评［J］. 社会科学论坛，2010（12）：114 – 118.

还亲自讲课——《科学家的社会责任和科学研究中的伦理道德问题》，取得良好的效果；2012年9月1日，时任南开大学校长龚克教授为4 000余名研究生新生做《真实与责任——学术道德与规范的真谛》专题报告；2010年9月21日，复旦大学研工部邀请时任复旦大学图书馆馆长葛剑雄教授为400余名文、理科各院系研究生新生做一场题为《学术的传承、创新与规范》的专题报告。这类名家的报告对于学术规范的形成和学术道德的养成具有非常显著的效应。

第四节 科研载体育人

美国教育学家杜威指出："德行显然寓于行动之中。"科研育人是指在高等教育中，通过让学生参加科学研究活动，并在指导他们开展科学研究的过程中，培养他们的思想品德和提高他们的科研能力，以实现高校育人的目标。① 高校科研育人活动主要是依靠科研载体来实现育人目标，而科研载体主要是科研项目、科研平台和科研团队。依据育人的方式和手段划分，科研载体育人可以分为直接育人和转化育人两条途径。

一、科研载体直接育人

直接育人是学生直接参加或主持科研项目研究，参与科研平台或科研团队建设。为了保障学生能够参与科研项目，要求在教师的科研项目实施计划、科研平台和团队建设计划中引入育人标准，在科研项目、科研平台和科研团队验收（结项）政策中体现育人导向，科研载体的科研人员直接承担育人责任。育人标准的制定是注重育人的过程，主要是对大学生创新创业训练计划的指导工作，包括科研创新指导工作（指导学生参加创新创业计划项目和发表论文作品等）、学科竞赛指导工作、创业指导工作（包括创业实践活动、创业竞赛等）、职业技能指导工作等。

---

① 刘建军. 进一步重视科研在高校育人中的地位和作用 [J]. 中国高等教育, 2015（6）：34 - 37.

(一) 参与教师科研项目育人

参与教师科研项目是高校学生接触最为频繁的科研活动,要让学生充分体验科研过程,熟悉科研环节、掌握科研方法、产出科研成果、体悟创新过程、感受学术严谨,注重学生基础科研知识与阶段性科研认知、良好科研素养的培养。近年来中山大学注重学生科研能力的培养,要求学生从事一定的科研项目研究工作。其中,电子与信息工程学院坚持实施导师制或导师组制,多渠道开展科研训练。导师组面向低年级学生,指导学生选课,激发科研兴趣,培养其科学思维方法。高年级学生按照兴趣选择导师,进入科研实验室,激励学生"求创新"。以学科的科研项目为载体,让国家重大重点项目为代表的高水平科研活动与拔尖创新人才培养紧密结合,对标国际先进水平,让学生成长为创新研究活动的生力军。每年设立50个本科生科研项目,总经费约30万元,受益学生近150余人次。此外,物理学院设立多层次本科生科研训练项目,激发和培养低年级学生的科研兴趣,同时引导高年级学生走进科研前沿;化学学院为本科生开设"化学前沿"系列课程,设立科研训练项目,鼓励学生接触科研前沿,鼓励学生提早进入实验室开展研究;生命科学学院为学生开设科研训练项目,充分利用生命科学相关专业的优秀师资和学术水平,培养创新型人才。

(二) 参与科研平台(团队)育人

吸收学生参与科研平台和科研团队建设,将理论学习、实践动手和科学研究相结合,融"做"于学,融"研"于学,既可以提高学生的科研能力,又有助于增强学生团队合作意识和沟通能力。科研平台和科研团队建设中的科技创新、科技转化、人员组织、企业运作安排等无一不需要团队合作和相互沟通。从广东一些高校来看,在让学生参与科研平台和科研团队建设方面做了许多尝试。例如,中山大学发挥综合性研究型大学多学科融合的优势,以学术研究团队为载体,支持学生根据个人兴趣,加入教授科研团队或组成研究组。经过团队培养和个人努力,很多学生实现了人才培养的个性发展和创新能力的飞跃。电子与信息工程学院强化科教融合育人,以大项目、大团队、大平台支撑高质量人才培养。例如,以学科的4个国家级科研和8个省部级工程技术平台为支撑,制定了科研训练管理条例,让学生接受分层次、分阶段的科研训练，培养学生的科学思维方法，释放学生的科研潜能，拓宽学生的学术视野。近五年，本科生发表重要学术论文 49 篇，获得发明专利 12 项，参加重要学术会议 27 人次。化学学院通过参与科研平台和科研团队，本科生在 Chem. Soc. Rev. 、Nat. Commun. 、JACS、ANGEW 等国际高水平化学期刊正式发表多篇科研论文。

二、科研载体转化育人

转化育人是指把科研成果和科研活动转化为教育资源，具体是科研成果转化为教学案例、教材和课程内容（含实践），科研活动转化为教学方式和学习方式，实现科研与教学有机结合，服务于高校教学和人才培养。教师通过将科研项目资源、前沿科技成果有效转化为优质教学资源，寓"教"于"研"，不断在科研实践中培养学生发现问题、解决问题以及开拓创新等多方面能力，激发学生勤动手、勤动脑的学习热情，从而实现创新型、实践型人才培养。将科研成果引入课堂教学，可以不断充实课堂知识，提高教师的教学水平；同时，在对教学知识进行整理及与学生课堂互动中，有助于正确判断科研成果的质量和水平，识别成果存在的不足，促进科研成果的不断完善。

近年来中山大学在科研载体转化育人方面积极探索，理工科实践教学已逐步形成"前沿训练"特色。"前沿训练"指的是注重从科研实践、学科前沿和产业发展趋势中提炼教学内容，并针对性地设计、拆分出系列实验内容，再进行自上而下的顶层设计，根据难易程度和内在关联性，分配至从基础到专业的各门实验课程，分步实施，循序渐进。例如，物理学院的振动与能谱的系列实验包括：机械振动频谱（基础物理实验），交流电信号频谱分析（电子线路实验），紫外可见光谱、拉曼光谱、电子自旋共振、核磁共振（近代物理实验），X 射线能谱、机械内耗谱（材料物理专业实验）。这种系列化的完整实验设计直接与科研衔接，让学生从一年级开始，就能了解相关内容在科研和产业中的应用，学习的目的性和前瞻性大大提高。类似的系列实验还有"光电技术""材料的电学性能""LabVIEW 测量技术"等。

又如南方科技大学，学校采用各种措施鼓励教师将自己的科研与教学融合，把最新的科研成果转化为教学资源，在共同的教、研、学中提高学生的科研创新能力。加强课程"两性一度"建设，打通本、研贯通课程体系，设置荣誉课程，让志存高远、热爱科研的拔尖学生有持续成长空间。加强学生在导师指导下的研究性学习和科研创新训练，引导学生通过深度自主学习，建构知识体系、锻炼理论联系实践的能力，培育创新精神和科研能力。以2018—2019学年为例，南方科技大学本科生在SCI、EI期刊以第一作者发表高水平论文22篇。期刊包括 *Physical Review Letters*，*Applied Physics Letters*，*ANGEW*，*Macromolecules* 等。本科生多次获得包括美国大学物理竞赛金奖、国际基因工程机器大赛金牌、世界大学生超级计算机竞赛卓越奖和优秀奖、美国大学生数学建模竞赛一等奖、全国大学生金融精英"挑战杯"一等奖等奖项。在历年美国大学生数学建模竞赛、ASC18世界大学生超级计算机竞赛、全国大学生机器人大赛、"慕再杯"大学生精算数学竞赛、全国大学生电子设计竞赛、全国大学生英语竞赛、全国定向锦标赛、广东省大学生程序设计竞赛等各类竞赛中均荣获佳绩。2018—2019学年南方科技大学本科生有189名学生在国际、国内学科和创新竞赛中获奖，其中2017级学生占比近42%。

第五节　产学研结合育人

在我国，产学研合作一般是指高校、科研机构与产业界的合作。产学研合作育人是将教育与生产劳动相结合，将人才培养与科学研究有机结合，以实现为社会培养创新型人才的服务功能。产学研合作育人研究的是教育，是人才培养问题，学校必然处于主体地位。产学研结合育人的途径主要是校院科研合作育人、校企科研合作育人和国际科研合作育人。

一、校院科研合作育人

高校的社会职能是人才培养、科学研究和社会服务，科研院所的社会职能是科学研究。两者既有相同点，又有不同点。共性使得合作加强，差异使得合作互补。校院科研合作育人就是通过成立研究生联合培养、科技英才班和科教融合共建学院等形式,引入科研院所资源,有效构建面向科学前沿研究人才培养的学研协同育人新模式,促进研究型大学教育教学质量的全面提升。

华南理工大学 2009 年 3 月与深圳华大基因研究院联合组建"基因组科学人才联合培养创新班",由华南理工大学与深圳华大基因研究院合作共同开展本科生、研究生的联合培养,主要面向华南理工大学所有理工类专业三年级本科生进行学生的选拔与招收。作为基因组学与生物信息学交叉学科人才培养的全新尝试,创新班学生在双方教师的悉心指导和校企平台的强力支撑下,实现了多项"零的突破",成为创新人才培养"华工模式"的典型代表。截至 2020 年 12 月 30 日,自创新班成立以来,已有 12 届共 116 名华南理工大学学子加入创新班,先后共有 112 人次以第一作者、并列第一作者或署名作者身份在国际学术期刊上发表研究成果 92 篇,其中 52 人次以第一作者、共同第一作者或署名作者身份在 Nature、Science、Cell 等国际顶尖学术期刊及其子刊上发表高水平论文共 39 篇。2020 年 12 月 28 日,基因组科学创新班十年再出发,华南理工大学—华大集团又签订了战略合作协议,双方将发挥各自优势,共同开展人才培养、科技研发、产业转化等方面的合作,共同促进基因组、生命大数据、智能制造与产业转化的深度融合。

二、校企科研合作育人

高校是知识创新的主体,企业是技术创新的主体。高校普遍缺乏市场开发能力,知识创新成果通常要与企业协同才能进行有效转化,形成现实的生产力。为促进知识成果转化,高校要构建面向产业的学科专业体系,围绕产业需求和企业生产问题开展教学科研,以提高水平。

科研提升学科专业实力,以人才支撑和科技引领产业发展。同时,高校应充分依靠企业,在知识成果转化过程中,充分利用企业资源反哺学科专业,通过校企合作进行人才培养供给侧改革,提升人才竞争力。校企科研合作育人就是高校和企业合作开展科学研究、成果推广和技术培训等,并将合作成果辐射到培养高素质行业人才上,建立师资协同、研产成果转化的教学机制,形成多元协同育人的新模式。①

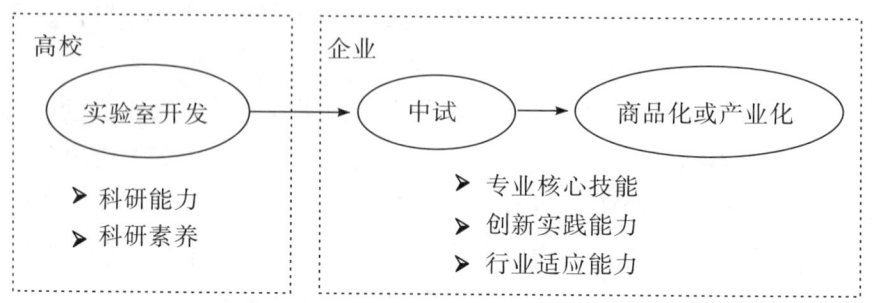

图 4-1 校企合作育人过程

科技成果转化一般要经过实验室开发、中试和商品化或产业化三个阶段(见图 4-1)。实验室阶段是在高校完成,形成技术产品、技术方案等科技成果,学生参与这个阶段有助于培养其科研能力、提高其科研素养。中试阶段和商品化或产业化阶段是将科技成果运用到企业的生产环节,并由企业投放市场。这两个阶段在企业完成,可以很好地解决高校人才培养中缺乏行业真实教学环境、教学资源和产业实践环节的问题,因此是培养学生专业核心技能、提升创新实践能力和行业适应能力的重要途径。华南农业大学与温氏食品集团股份有限公司多年的科技合作,有效推动了高校科技成果转化的"四个一"工程,即领一个团队、联一个企业、兴一个产业、富一方农民;共同探索出"高校+公司+农户"的农业科技产业化模式,创新了校企捆绑式协同发展的产学研合作模式——温氏模式,实现了校企之间的人才捆绑、科研捆绑、利益捆绑、责任捆绑、声誉捆绑以及战略协同发展,开展了校企协同育人全面合作探索,逐步形成以科技成果转化促进高级应用型人才培养的校企深度合作育人模式,并建立起协同育人长效机制和个性化人才培养机制。南方科技大学充分利用深圳市高科技企业集中优势,推进校企协同育人平台建设,以产业和技术发展最新需求推动人

---

① 施晓秋,侯胜利,励龙昌. 面向新经济的网络工程产教融合、多元协同育人模式构建与思考[J]. 中国大学教学,2017(9):39-44.

才培养改革,探索行之有效的产学研合作育人机制。整合校内科研、实验教学资源,拓展校外优秀实习实践基地,构建资源共享、管理规范、运作高效的实验实践教学体系,有效支撑科教、产教融合教育体系。

三、国际科研合作育人

在全球化背景下,国际化已经成为教育发展的一种全球性趋势,它不仅是一种教育理想,而且是一种正在全球范围内展开的教育实践活动。国际科研合作育人是推动国内大学与国外大学或知名跨国企业的科研合作与交流,依靠合作项目和平台搭建育人桥梁,开展教学交流及企业案例转化为教学内容等教学研究活动,着力培养具备国际视野、能参与国际竞争的拔尖创新型人才。

2017年华南理工大学与新加坡南洋理工大学共建"中新国际联合研究院",经国家外国专家局和教育部批准建设先进功能材料国际化联合实验室、先进材料国际化示范学院,依托优势学科获批建设5个高等学校学科创新引智基地,并与全球200多所一流高校和科研院所建立长期合作关系。研究院围绕广州市重点发展的IAB、NEM产业,研究院建设了人工智能、生命健康、新能源、新材料、绿色建筑与智慧城市及污染控制与环境修复六大研发平台,引进多个国际合作产业化项目,孵化及引进一批高科技创业企业。借助上述国际化教学科研平台,学校集聚世界一流的教学科研资源,积极推进国内外产学研合作教育。例如,建筑学院"建筑物理环境与建筑节能学科创新引智基地",分别与美国哈佛大学、加州大学伯克利分校、意大利都灵理工大学等数十所世界一流大学成立联合设计工作坊,先后在广东广州、江门等地开展中国岭南建筑和城市联合设计,在意大利开展乌尔比诺古城联合设计。通过参与世界一流的国际产学研合作,一批具有国际视野和竞争力的建筑设计类"三创型"人才脱颖而出。

第六节 科研推动创新创业教育

我国的高校人才培养观念和人才培养模式在不断发生变革,由初始的

"传承型"向"创新与创业型"的人才培养模式转变。培养具有创新创业意识、创新创业精神、创新创业能力和创新创业技能的高素质人才是高校创新创业教育的本质内涵和主体思想。科学研究和人才培养都是高校的重要职能,而科学研究是创新创业型人才培养的重要渠道。科学研究是为了增进知识包括关于人类文化和社会的知识以及利用这些知识去发明新的技术而进行的系统的创造性工作。因此,科学研究本身就是原始创新活动,而且将高校科技成果转化为现实生产力,很可能形成创业活动,甚至催生新的产业。美国硅谷众多的电子工业公司就是依托斯坦福大学、加州大学伯克利分校、圣塔克拉拉大学等世界知名大学成立并发展壮大的,我国北京中关村的很多高新技术企业同样也是依托中国科学院、北京大学和清华大学等国内一流大学创立和成长壮大的。因此,结合高校的科学研究来开展创新创业教育具有先天性优势,是创新创业型人才培养的重要渠道。

在国家提出"大众创业,万众创新"战略的引导下,广东省各高校近年来都高度重视学生创新创业能力的培养,依托科研活动积极开展学生创新创业教育。具体而言,目前主要有6种途径(见图4-2)。

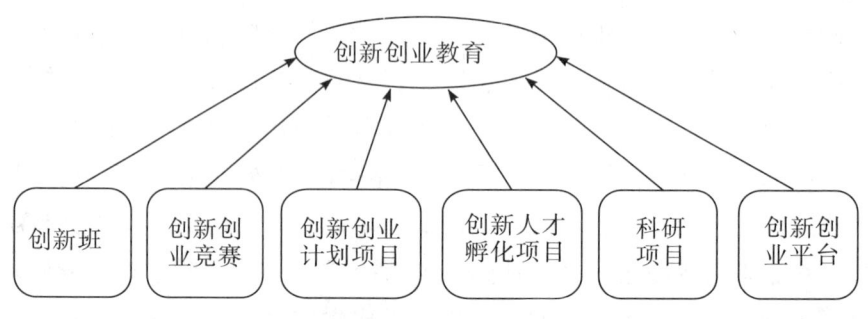

图4-2 广东高校科研推动创新创业教育的主要途径

一、通过创新创业计划项目推动创新创业教育

大学生创新创业项目的创新性、训练性、实践性特征,成为高校开展创新创业教育的重要载体。广东省高校从2012年开始启动大学生创新创业训练计划项目申报工作,以"国家级大学生创新创业训练计划"的实施为龙头,逐步丰富创新创业训练类型,形成完整的"国家级—省级—校级"

三级梯度本科生创新创业训练体系，充分激发学生自主创新的积极性。各学校加大了对学生和指导教师的激励力度，对结题验收合格的项目，给予学生创新创业学分认定并发放结题证书，对取得优秀成果的学生和指导教师发放荣誉证书，并对教师指导省级、国家级项目给予教研业绩奖励，指导校级项目给予工作量补贴。

二、通过创新创业竞赛推动创新创业教育

创新创业竞赛可以锻炼学生的创新型思维，激发主动学习的热情及兴趣，养成团队意识且培养组织协调能力，因而是提升学生创新创业能力的重要途径。

自2013年以来，暨南大学精心组织"赢在创新"本科生创新大赛。大赛以搭建创新人才和创新成果展示分享平台、营造全员创新的校园氛围、推动创新型校园文化建设为宗旨，同时为在校教师、用人单位提供发掘人才的窗口，通过这一平台发掘有创新潜质的学生参与到自己的科研团队或企业中；并且为优质创新成果寻找后续支撑，通过重点实验室负责人、优秀企业家、风险投资公司等的参与，共同推动具备发展潜力的创新成果向市场转化，形成多"赢"。借助这个平台，学生带着自己的创新、创意、创造或创业成果，在与不同学科的同学、教授或企业家们的交流碰撞中得到提升。同时，借助这个平台，多个创新创业项目也获得了后续发展的支撑。截至目前，"赢在创新"本科生创新大赛共举办76场比赛，参与项目近700个，直接参赛项目508个，14 000多人次直接参与。

此外，暨南大学以"挑战杯"竞赛为龙头，营造浓郁的学术氛围，深化创新创业教育改革。在2020—2021年度，成功举办第九届"挑战杯"大学生课外学术科技作品竞赛，共有近800件作品参赛，累计参赛学生近4 000人，其中本科生2 500余人。本次大赛创新设立首届港澳台侨学生专项赛，共吸引45件作品参赛，近200名港澳台侨学生参与，其中89%为本科生。同时，办好港澳台侨学生科技创新训练营，促进港澳台侨学生和内地学生融合发展。在第十六届"挑战杯"广东大学生课外学术科技作品竞赛中，该校共荣获6项特等奖、6项一等奖、8项二等奖和10项三等奖，捧得

"优胜杯",并被授予优秀组织奖;其中,全部为本科生创作的参赛作品共计24件,获奖本科生人数占全部获奖学生人数的83.7%。在第十二届"挑战杯"中国大学生创业计划竞赛中,该校荣获1项银奖。此外,在第十七届"挑战杯"全国大学生课外学术科技作品竞赛红色专项活动中,学校荣获1项二等奖、1项三等奖。同时,学校组织开展2021年"挑战杯"竞赛等学生课外学术科技创新创业竞赛项目的申报立项工作,对310个项目给予立项资助,参与本科生2 000余人。在2021年广东省科技创新战略专项资金(大学生科技创新培育)立项中,学校20个学生科技创新项目获批立项,共获得专项资助资金47万元;其中,项目团队全部为本科生的项目共计14个,占全部获批项目数的70%。

三、通过建立"创新班""产业学院"推动创新创业教育

开设"创新班",是对一些资优生进行创新能力开发,培养起创新创业意识,激发科研和人文创新兴趣,为其长远发展奠定基础。开设"创新班"就是试图探索大学生创新创业素养的培育途径、方法和评价选拔机制,同时建立一套有普遍意义的培养创新创业人才的保障机制。

华南理工大学根据高素质、高层次、多样化的"三创型"(创新、创造、创业)人才培养目标,确立了多样化的人才培养方式方法对学生进行分类培养,致力于根据学生的兴趣、爱好、特长和基础,因材施教,最大限度地激发学生的创造力和发展潜能,培养各类高素质创新型人才。2016年起,全校共设置各类"创新班"达22个(见表4-4),进入创新班的学生人数超过1 000人。其中包括科学前沿研究学科交叉型人才创新班2个、学术型研究人才创新班10个、校企合作高层次应用型人才创新班9个、创新创业型人才创新班1个。学校将创新班作为教学改革先行先试的"特区",积极探索和尝试新的培养机制,为创新班学生"量身定做"课程设置、培养方案和教学管理制度,采取导师制、小班上课、小组研讨、研究型教学、个别辅导等个性化的教学组织和开放的教学形式,开展针对性的教学和培养,突破了过去整齐划一的学分和课程认定方法、单一的学业成绩评定标准、刚性的教学管理制度、程序化的教学组织和学籍管理方法。

产业学院是结合新经济发展趋势和特定产业需求,构建多主体参与、产学研融合的新工科人才协同培养模式,推进科教结合、产学融合,构建优势互补、项目共建、成果共享、利益共赢的人才培养共同体;并改革课程体系,开设跨学科课程,对面向复杂工程问题的课程和教学模式进行探索;组建跨学科教学团队、跨学科项目平台,推进跨学科合作学习等。

表4-4 华南理工大学各类创新班一览表

类型	创新班名称
科学前沿研究学科交叉型人才创新班	基因组科学创新班
	干细胞与再生医学英才班
学术型研究人才创新班	计算机全英联合班
	信息工程(冯秉铨实验班)
	机械类创新班(本硕、本博连读)
	工程力学创新班(本硕、本博连读)
	化学类创新班(本硕、本博连读)
	数学类创新班(本硕、本博连读)
	计算机科学与技术全英创新班(本硕、本博连读)
	自动化创新班(本硕连读)
	经济学类创新班(本硕连读)
	材料类全英创新班(本硕、本博连读)
校企合作高层次应用型人才创新班	软件工程(卓越班)
	土木工程(卓越全英班)
	电气工程及其自动化(卓越班)
	机械工程(卓越双语班)
	电子科学与技术(卓越班)
	法学(卓越法律班)
	中广核订单式培养班
	计算机腾讯创新班
	南航创新班
创新创业型人才创新班	创业班

近年来，广东工业大学设置和改造了集成电路设计与集成系统、新能源材料与器件、物联网工程等多个新工科专业，并在多学科交叉融合和跨界整合方面的工程教育新模式上开拓创新、大胆实践，探索建设由校内外多方参与的产业化学院新型组织模式，成立产业学院及特色行业班。2017年，继"IC集成电路设计班""粤港机器人联合学院"之后，学校与中国印制电路行业协会（CPCA）、广东省印制电路板协会合作设立"印制电子电路（PCB）学院"，为PCB行业培养从事科学研究，新产品、新工艺和新技术开发及生产管理所需的复合型、应用研究型高级专业人才。采用"教授+校外导师+学生+项目"模式，将有市场前景的创新项目推荐入印制电子电路学院，有目标地培养学生的行业技能及创新能力。招生对象为在校大二升大三理工科类别学生，涉及轻工化工学院、机械工程学院等7个学院。2017年首届招生30人，计划从第二年开始每年招生90人左右。新型产业学院及特色班的设立，为"产教深度融合、协同育人、协同创新"提供了新的范式参考，在服务创新驱动和产业发展方面取得显著成效：①促进人才培养质量提升。产业学院及特色班紧贴行业产业需求，多以项目驱动教学、注重学生创新创业及实践能力培养，培养的学生受到普遍欢迎。IC班有三届学生毕业，毕业率100%，就业率100%，考研率39%，研究生考取率18%，其中不乏复旦大学、东南大学等名校。大部分学生进入联发科技股份有限公司、索尼公司、紫光集团有限公司等知名企业，平均薪酬具有明显优势。学生在多个国际级、国家级大赛中取得骄人成绩，累计获得"挑战杯"特等奖2项、三等奖1项，飞思卡尔华南赛区二等奖1项，美国数学建模大赛一等奖1项、二等奖4项等。②促进服务创新发展能力提升。产业学院聚集了高校与行业领域精英人才，多方碰撞，对师资团队自身创新能力和学生创新培养方案都有积极的意义。机器人学院2015级学生在机器人领域企业、研究机构中进行学习与科研选题工作，申请发明专利5项，获实用新型专利授权1项，主持国家级大学生创新创业项目1项，省级多项，获ROBOCON 2016全国大学生机器人大赛优秀奖。作为人才培养主战场的东莞机器人基地，每年寒暑假通过"特训营"、国内外名师讲座与交流等环节开展了紧贴工业一线的丰富的育人活动，反响热烈，效果显著。③

促进产业发展效应明显。学校就 PCB 行业已建立起"一个创新学院,一个创新联盟,一个工程技术中心"平台;一端是人才培养,一端是技术研发,通过创新联盟联系起来,全方位服务 PCB 行业创新发展。机器人学院带动并促进了学校机器人领域研究创新;合作的松山湖机器人基地,培育了大批机器人领域的创业企业,促进了行业的蓬勃发展。

四、依托教师科研项目推动创新创业教育

教师开展的科学研究项目让学生参与,有助于学生在科研过程中将理论知识学以致用,在研究实践中锻炼自己的创新思维,提高专业知识掌握程度和创新能力,为将来的创新创业打下基础。

华南农业大学对本科生的培养强调科学研究的理论知识与实践知识的结合,并重点引导学生完成理论知识学习后,鼓励学生选择与创业相关的创新性的毕业论文课题,结合导师的科学研究成果、专利技术等,研究开发具有产业化前景的技术成果。同时,鼓励与企业有合作课题的教师接纳学生参与课题研究,培养学生的创业意识,培养学生发现机会、把握机会、创造机会的创新思维;收集信息、处理加工信息、综合利用信息的创业方法能力;适应变化、利用变化、驾驭变化以及创业所需的公关、社会活动等方面的创业能力,为学生创业打下基础。近年来,华南理工大学每年有 2 000 多人次本科生在参与教师横向项目过程中帮助企业解决工程实际问题,不少学生在此基础上开展"真刀实枪"的毕业设计,实现"既出成果,又出人才"的目标。2008 年以来,学校累计引导科技特派员 1 400 余人次(数量居全国高校首位)、学生助理超万人进驻到广东 21 个地市 1 000 多家企业,直接服务于企业技术创新实践,强化学生的工程实践能力训练和"三创型"能力培养。

五、通过构建创新创业平台推动创新创业教育

创新创业平台是大学创业教育共享创业资源、协作完成创业教育的公共平台。创新创业教育公共平台的最终目标是创建创新创业教育合作共同体,促进高校、政府、企业、社会的多元主体创业联盟,充分挖掘各类资

源，创设良好的创业环境。

华南师范大学 2017 年与华为技术有限公司等 16 家高新技术企业共建创新创业基地，并建立了 13 个大学生科技创新培育平台，遴选了一批拔尖的大学生科技创新团队，2017 年分层支持高水平项目 93 项，金种子项目 74 项，一般项目 138 项。"互联网+创新创业产学研协同育人平台"获批广州市高校创新创业教育项目之平台重点项目，获资助经费 200 万元。率先与广州市妇女联合会等联合发起"广州市女大学生创业联盟"，建立校内外女大学生创业基地，关注支持女大学生创业。实施"合生珠江大学生创新创业基金"，资助了 80 余支优秀创业团队开展创业实践，其余 30 余支获资助团队成立了公司。基地获得全国实践育人创新创业基地、广东省小企业孵化基地、广州市创业培训基地、广州市创业（孵化）示范基地、广州市女性创业培训基地、大学生 KAB 创业教育基地、中国移动校园创业孵化基地等多项荣誉。

广东工业大学深化"1+2+N"创新创业教育平台体系建设，推动人才培养"新基建"工作。推进核心平台"工大创谷"的品牌提升，打造高端人才培育区，培育 10 支"高峰学科支撑、高层次人才指导、高水平科研平台支持"本—硕—博贯通培养的高水平创新创业团队、100 个"紧密结合科研、深度融合企业、精准对接市场"的创新创业项目，以团队培养、项目制培养大幅提升拔尖创新人才培养质量；创建"创谷沙龙"、校企联合竞赛等品牌活动，优化创新创业服务功能，提升工大创谷人气与育人效能；拓展集成电路学院新工科教育引领区建设，启动多功能融合空间改造，强化产教融合、校企协同的创新创业教育特色。立项建设首批 13 个校级"大学生创新创业工作室"，夯实学校创新创业教育的基础平台建设；先后在广州德晟电力科技有限公司、东莞市彩丽建筑维护技术有限公司、广东康荣高科新材料股份有限公司、宏脉信息技术（广州）股份有限公司等 10 家企业建设校外创新创业实践基地，构建"一中心多基地"的校企联合中心，完善创新创业教育平台体系；联合数学与统计学院开发建设"全程互动"创新创业教育管理服务平台，将创新创业教育体系内各个环节进行连接，打造"学生源、项目池、导师库"，实现创新创业教育的全过程管理和大数据管理。

广东外语外贸大学重视学生创新创业实践平台的建设，构建创新创业实验基地（52 200 m²）、学院创新创业孵化中心（21 个）、创新创业实训基地（4 895 m²）、创业孵化器（4 600 m²）、校外创业加速器（6 个）"五位一体"的创新创业教育实践平台，为学生创业实践、创业项目成长提供多层次、全方位的支持。

暨南大学设立创新创业教育实践基地（平台）9 个，其中创业示范基地 1 个，高校实践育人创新创业基地 5 个，众创空间 3 个，科技园 1 个等。2020 年暨南大学 WE 创港澳台侨青年众创空间获得省级运营评价 A 等级。2022 年，暨南大学在第七届中国国际"互联网＋"大学生创新创业大赛中，最终斩获 1 金 2 银 3 铜的优秀成绩。

六、实施创新人才孵化项目

创新人才孵化项目旨在为学有余力的本科拔尖人才提供一套与通识教育并轨的个性化培养体系，打破以往学生单一选课、上课的限制，一对一配备导师（为校内导师或业界精英），使学生能尽早地开始对前沿科学问题的探索，接触行业前沿，参与社会实践，让学生充分享受个性化学习的乐趣。

按照"成熟一个，建设一个"的原则，暨南大学 2014 年建立"未来传媒领袖""未来科学家""未来律政精英""未来旅游业界领袖""未来企业家"和"未来商界领袖"等 6 个"卓越未来"孵化项目；2015 年新增"未来数据科学家""未来结构科学家"和"未来物理科学家"3 个孵化项目；2016 年新增"未来金融家""创新型医学生"和"包装工程师"3 个孵化项目；2017 年新增"卓越未来化学生物学家"和"卓越未来人工智能工程师"2 个孵化项目；2018 年新增"未来酒店管理精英"和"未来企业管理精英"2 个孵化项目。目前，"卓越未来"创新人才孵化项目建设都在稳步推进，并取得一定成效。例如，"未来传媒领袖"首批成员已发表论文 10 余篇，获省部级以上科技学术竞赛奖励 20 余项，部分学生已被纽约大学、香港大学、香港中文大学、中国人民大学、复旦大学等知名院校录取等。"未来科学家"培养项目成员已发表高水平学术论文 7 篇，申请发明专利 5 项，多名学生在全国大学生创新创业年会获奖等。

第五章
新时代广东高职院校科研育人的途径

近年来,广东省高职院校发展形势欣欣向荣。据《广东省高等职业教育质量年度报告(2021)》显示,截至2020年年底,广东省高职院校在校生规模达117.8万人,位居全国第一。同时,全日制高职在校生人数持续上升迅猛,较2019年的89.4万人,增加28.4万人,增幅达31.8%。2020年为社会输送了近27.36万名适应经济社会发展的应用型人才,为广东省区域经济社会发展提供了重要人才支撑和智力保障。

作为高等教育的重要组成部分,高职院校的发展受到国家和各级地方政府广泛重视。2014年,国务院发布了《国务院关于加快发展现代职业教育的决定》。该决定提出,加快发展现代职业教育,是党中央、国务院作出的重大战略部署,对于深入实施创新驱动发展战略,创造更大人才红利,对加快转型方式、调整结构、促进升级具有十分重要的意义。2019年,国务院出台了《国家职业教育改革实施方案》。该方案明确提出,没有职业教育现代化就没有教育现代化,并对我国职业教育发展进行了具体部署。广东省在2018年和2019年分别发布了《广东省职业教育条例》和《广东省职业教育"扩容、提质、强服务"三年行动计划(2019—2021年)》,对广东省职业教育发展产生了重要促进作用。随着我国职业教育的提质培优,有利于扭转部分人群视职业教育为"断头教育""次品教育"的错误观念,必将对我国职业教育发展产生深远影响。

第一节　科研育人在高职院校人才培养中的作用和意义

受传统观念的影响，职业院校科研工作容易被忽视。科研育人往往没有体现在高职院校专业人才培养体系中。然而，随着我国产业结构由传统的粗放型发展向集约型发展转变，产品更新速度加快，企业对于人才的需求也悄然发生转变。突出表现为自主学习和创新能力。正如《国务院关于加快发展现代职业教育的决定》中指出：高等职业院校要密切产学研合作，培养服务区域发展的技术技能人才，重点服务企业特别是中小微企业的技术研发和产品升级，加强社区教育和终身学习服务。2019年教育部发布的《关于职业院校专业人才培养方案制订与实施工作的指导意见》指出，职业院校要注重学用相长、知行合一，着力培养学生的创新精神和实践能力，增强学生的职业适应能力和可持续发展能力。对于职业院校来说，通过开展科研育人工作，能够落实对学生"创新能力"的培养要求。这意味着科研育人在高职院校人才培养中应该进一步被强化。

从高职教育的办学定位不难看出，高职院校主要是培养企业生产管理一线的高素质技能型专门人才，与普通高等教育重视基础理论研究不同，高职科研工作更加重视将产学研有机整合，科研工作直接服务于现实的教学和生产。再加上不少的高职院校都有着深厚的行业背景，或其本身就是由行业办学演化而来，因此与行业和企业的联系比普通本科高校要紧密得多，其科研成果可以较为顺利地进入行业与企业，具有普通本科高校不可比拟的科研成果转化优势。在此过程中，高职科研工作推进了科技向现实生产力的转化，搭建了科学研究与现实产出之间的桥梁。因此，强化高职院校科研育人具有重要的现实意义。

一、科研育人是新时代实施产业转型升级的必然要求

随着我国经济产业转型升级，科技发展日新月异，大数据、云计算、

人工智能、物联网等新技术不断涌现，社会需要大量掌握先进技术和工艺的一线高素质技能型人才，以满足和推进现代化生产的快速发展。高职院校既不能同于中等职业学校，也不能同于普通本科及研究型大学，在科技快速进步、新兴产业快速发展的时代，高职院校需要突出强调高素质技能型人才培养，要求毕业生能够在岗位上及时更新知识、掌握新技能、创新工作方法、适应新技术要求，具有创新意识、创新素质、创新能力。为了实现上述人才培养目标，高职教育的科研育人功能至关重要。

市场需求、就业导向是高职院校人才培养的主要价值取向。科研育人是高职院校培养学生探索创新精神的重要内容，对提升高素质技能型人才培养具有积极作用。因此，要把科研育人融会到课堂教学、校内实训基地及校外的实践基地培养等各个领域，以增强学生未来适应产业转型升级的能力。

通过强化科研育人，可以提升学生创新精神，在校内教师和企业导师的指导下，学会改造企业生产技术、优化生产工艺、革新企业管理。因此，强化科研育人是培养产业转型升级和企业技术创新急需的高素质职业技能型人才的重要内容，通过强化科研育人，实现人才培养与产业融合发展。近年来，为服务产业优化升级和经济社会发展需要，广东省提出职业教育校企精准对接、精准育人的"双精准"战略。广东省高职院校紧密围绕地方产业集群进行改革发展，并且积极与区域龙头企业加深合作，对接高端产业和产业高端，组建中国特色高水平专业群。在专业设置上，要着力增加服务于先进制造业、战略性新兴产业、现代服务业等重点产业的专业。据《广东省高等职业教育质量年度报告（2021）》显示，2020年广东省高职院校开设专业数前十的专业均与上述重点产业相关。广东省各高职院校主动把握创新驱动发展战略机遇，紧跟产业结构升级、产业发展需求和行业发展趋势，积极与地方政府、产业园区、行业和企业合作，整合各方优势，搭建协同创新平台，实现互利共赢。

二、科研育人是深化产教融合、校企合作的重要内容

高素质技能型应用人才离不开行业和企业的深度参与。高职院校的一

大亮点就是突出产教融合、校企合作。

从学校人才培养的角度，产教融合、校企合作有利于学生技能培养，这种培养不应该是简单的重复模仿，而应该激发学生的创新意识、自主思考和解决问题的能力。通过共同建立研发中心、成立职教集团或参加创新创业大赛等，在企业导师和学校教师的共同带领下，学生通过参与真实的科研项目，共同申报省级、市级产学研课题，或参加创新创业大赛等途径培养科研能力。学生从这些科研项目中不仅积累了科研经验，增长了知识积累，也提升了坚韧不拔、积极进取的工匠精神。通过深化校企合作，使学生切身体会创新意识，培养学生以市场需求为导向的科研精神，潜移默化地提升了其社会服务能力。

长期以来，部分高职院校在产教融合、校企合作方面流于形式，难以深入的一个重要原因是忽视了科研在高职人才培养中的作用。由于忽视高职学生科研能力培养，一方面，企业难以从高职人才中获取创新型人才；另一方面，由于学生缺乏科研熏陶，在企业实习中只能从事简单重复性的岗位，实习兴趣不高。为此，应该把科研育人融入校企合作之中，学生创新能力在校企共同培养下获得提升，企业获得高素质技能型人才，实现校企合作共赢，紧密持续发展。

三、科研育人可以充分体现高等职业教育定位

与中职教育不同，高职教育不仅体现在人才培养的规格上，还体现在科研能力方面，高职院校更加强调高等性。同时，与传统本科教育有所不同，高职教育更加强调职业教育。因而，高职教育同时兼备高等性和职业性两重属性。

在经济发展新常态下，要实现"中国制造"走向"中国智造"，迫切需要高职教育培养的人才向中高端发展。产学研结合是高职院校培养出符合市场经济发展要求的高素质技能型人才的根本途径，而科研正是产学结合的纽带与动力。参与解决企业生产管理过程中的技术难题是高职院校校企合作的重要内容，倘若缺少了科研的参与，产学研结合就很难深入，进而失去发展动力，高素质技能型人才的培养就会落空。教育部《关于加强高

职高专教育人才培养工作的意见》指出,"高职院校只有通过科学研究,站在专业制高点,及时掌握最新发展动向和国内外发展趋势,才能使教师获得新知识、新信息,更好地使所教课程密切联系实际,紧跟技术前沿"。"教学与生产、科技工作以及社会实践相结合是培养高等技术应用性专门人才的基本途径。"因此,高职院校开展科研工作符合高职教育人才培养层次的需求。

高职院校的科研导向要明确以应用研究为主,坚持为行业和区域社会经济服务的科研方向,为高职院校改革和政府的决策当好参谋和顾问,提供咨询服务。不能只限于各级政府课题的申报,更要面向市场,注重在社会和企事业单位最需要的技术、工艺等实际问题上找项目,要面向企业生产管理第一线,有目的、有计划、有步骤地参与企业急需解决的技术难题,寻找和确定校企合作研发课题,注重与企业联合开展横向课题研究。面向生产实践一线,注重成果转化与运用,以突出应用型研究和开发型研究为主,充分体现高职教育为区域经济和社会发展服务的特点。

四、强化科研育人可以更好地实现科教融合

2015年10月,教育部印发了《高等职业教育创新发展行动计划(2015—2018年)》,强调高职院校应大幅提升应用技术的传承和研发能力,将学生的创新意识培养和创新思维养成融入教学全过程。这意味着与普通本科院校一样,高职院校也应该重视科教融合在人才培养中的作用,只是具体途径有所区别而已。

高职院校教师也应该把科学研究和教学有机结合起来,通过科研工作,熟悉本行业发展的最新情况,以及市场对专业人才的需求状况,制定符合市场需求的人才培养方案,避免出现教学与市场需求脱节的现象。高职院校教师通过科研工作,熟悉本行业最新进展,把最新的研究技术成果融入具体课程中来,编制配套教材,更新教学内容,改进教学方法等,培养符合行业企业现实需求的高素质技能型人才。通过强化科研育人,可以节省企业后期人才培训费用,实现人才培养与企业岗位的零距离对接。

强化科研育人是推动教育教学质量和内涵提升的重要手段和途径。通

过企业专家、学校教师和学生共同参与校内外科研项目，有利于营造创新氛围，提高学生的创新意识。教师通过科学研究，把获得的前沿理论和技术在课堂上直接传授给学生；把在科研中长期形成的科学素养、科研方法和治学精神悄无声息地传给学生。

第二节　广东省高职院校在科研育人方面的探索

作为教育大省，广东省在高职院校科研育人方面进行了许多积极的探索。一个显著的特点是在国家和省级教育机构的领导下，立足地方特色，服务区域经济，把科研育人融会到产教融合、校企深度合作之中。具体主要有以下几点。

一、构建校企协同科研育人平台

高素质技能型应用人才离不开行业和企业的深度参与。广东省各高职院校根据自身特色，结合区域行业产业需求，搭建了各具特色的校企协同科研育人平台。通过高校、企业和政府等组织共同搭建，企业技术人员、高校教师、学生协同创新，达成提升人才培养质量的目标。为了构建校企协同科研育人平台，各高职院校进行了积极尝试。

第一，整合校企合作资源，成立职业教育集团（以下简称"职教集团"）。职教集团是职业院校、行业企业等组织为实现资源共享、优势互补、合作发展而组织的教育团体，是近年来我国加快职业教育办学机制改革、促进优质资源开放共享的重要模式。通过成立职教集团，深化校企合作，是实现科研育人的重要载体。在广东省人民政府发布的文件中曾多次明确支持和鼓励高等职业院校、行业、龙头企业牵头组建实体性职业教育集团，推行引校进厂、引厂入校、前店后校等校企一体化合作形式。广东省各高职院校也纷纷积极筹建。截至2021年年底，广东省有18家职教集团入选教育部示范性职业教育集团（联盟）培育单位。以广东食品药品职业教育集团为例，该职教集团由广东食品药品职业学院于2008年牵头组建，以此为主要连接纽带，探索紧密型和联盟型成员合作模式。集团现有成员单位711

家,包含学校22所(含中职学校11所、高职院校6所、本科普通院校5所),事业单位11个,行业协会18个,科研机构9个,企业651家。该校通过坚持走产学研结合的发展道路,积极与行业企业建立密切的合作关系,共同研发课题,联合培养人才,逐步形成科研、教学、实践三者良性互动、协调发展、共同提高的局面。2011年以来,学校主持国家自然科学基金、广东省科技计划项目、广东省自然科学基金等纵向课题达292项,其中国家自然科学基金项目8项,广东省自然科学基金项目18项,其他省部级科研项目40项,立项经费1 488万元;与企业合作开展各类技术服务项目73项,横向课题合作经费906万元;科研总经费达2 394万元,名列广东省高职院校前茅。获得广东省科学技术奖一等奖1项,获得授权专利22项,教职工发表论文1 610篇,其中被中文核心期刊收录430篇、SCI收录39篇、EI收录10篇。2018年该职教集团以广东省排名第一的成绩被确定为广东省示范职业教育集团立项建设单位,并于2020年9月入选教育部第一批示范性职业教育集团(联盟)培育单位。

  第二,开展现代学徒制试点。现代学徒制是深化产教融合、校企合作,推进工学结合、知行合一的有效途径,对于提升学生的工匠精神和创新精神具有重要作用。现代学徒制学生在此人才培养模式下,可以按企业的人才需求,尽早参与到企业的技术改造升级、技术应用开发活动中。同时,依托企业提供的技术研发课题,为相关专业在校生积极参与大学生创新活动提供了条件。根据《广东省高等职业教育质量年度报告(2021)》统计,截至2020年年底,广东省拥有全国现代学徒制试点学校数为38所,位居全国第一。以广东建设职业技术学院为例,该校以科研先行指导现代学徒制实践,并通过边实践边总结,不断提升和固化成果。试点形成的《广东特色现代学徒制研究与实践》教学成果获2018年国家级职业教育教学成果奖一等奖。该校以研究成果为指导,与深圳市斯维尔科技股份有限公司共同创建广建斯维尔学院,开展工程造价专业(BIM方向)"现代学徒制"人才培养合作。首批48名现代学徒制学生于2019年7月正式出师,进入公司的BIM中心、BIM-CIM事业部及研发中心产品研发部等核心部门。

  第三,校企共建协同创新中心。通过构建校企协同创新中心,为学生提供真实职业情境和创新平台,实现产教融合和科研育人的目的。以广东工贸职业技术学院为例,从 2012 年开始,在学校校企合作办公室的指导下,测绘地理信息类专业校企共同建立了广东工贸测绘地理信息工程技术研究(开发)中心、南方卫星导航高校北斗联盟——广东工贸职业技术学院应用中心、超图软件广东工贸应用研究中心、精密工程与监测联合应用开发中心、华测 GNSS 高精度应用研发中心和广东广量空间数据处理中心等 6 个"工程开发中心",工程开发中心成立组织机构,由学校任命负责人,负责业务承揽、工程施工及工程开发中心运营管理。截至 2018 年年底,工程开发中心承担完成工程项目 27 项,合同到款额 400 余万元,师生逾 1 485 人次参与实际工程项目,为企业提供专业技术服务。

第四,构建产业学院。广东轻工职业技术学院实施引进世界级别企业及行业标准,分别与瀚蓝环境股份有限公司、白天鹅宾馆,双方以非独立法人机构,采用理事会领导下的院长负责制的合作方式,分别组建了"广东轻工职业技术学院瀚蓝环境学院""白天鹅学院"。2017 年又分别与深圳市雷诺表业有限公司、天意有福科技股份有限公司、清华大学苏州汽车研究院共建雷诺钟表产业学院、天意数字印刷创意产业学院、清研车联产业学院。联合开展专门人才培养、教育培训、科研与技术服务合作、孵化器建设与工业旅游等方面的深度合作。

第五,探索建立混合所有制实体。通过构建混合所有制实体,有利于激发企业参与热情,提升技术人员创新积极性,进而实现科研育人的人才培养目标。以广东交通职业技术学院为例,2017 年 5 月,由该校牵头,联合校外企业、校内主要知识产权人组建了具有独立法人资质的混合所有制科技实体——广州奕航科技有限公司。公司注册资金(130 万元)全部由校外企业和自然人自筹,学校以专利技术等无形知识产权入股,拥有 35% 的股权。截至 2018 年年底,该公司拥有 30 多项国家授权的技术专利和软件著作权。开发了多种填补国内空白的技术和产品,已为国内 10 多家交通、物流和港航企业提供技术和产品服务,合作企业共建技术研发中心 4 个。

二、重视校内科研平台和科研项目的科研育人功能

科研平台和各类科研项目是高职院校实施科研育人的重要载体。广东

省各高职院校一方面积极申报创建各级别重点实验室、工程研究中心和公共技术服务中心等校内科研平台，另一方面大力申报各级别科研项目。以深圳职业技术学院为例，在科研平台方面，截至2020年8月底，该校共建有53个市级以上科研平台，其中省部级平台23个、市厅级平台25个、区级平台5个。在各级别科研项目方面，2019—2020学年，该校新增省部级以上科研项目43项，其中国家级项目17项、省部级项目26项。

在科研设施不断完善和科研项目不断增加的背景下，广东省各高职院校通过不断完善科研育人评价机制，激发教师的科研育人热情。首先，在以学生为主导的科研活动中，强化教师的指导作用。以广东交通职业技术学院为例，学校积极发动教师指导学生申报各级别大学生科技创新项目，2020—2021学年，该校立项49项校级项目。在广东省第十六届"挑战杯"竞赛中，该校荣获特等奖3项、一等奖1项、二等奖5项及三等奖3项的好成绩，科研育人效果较为显著。其次，在以教师为主导的科研项目中，不仅要引导教师鼓励学生参与科研项目的研究，而且要在教学中融入最新的科研成果，积极举办学术讲座，实现科研育人的目的。广东交通职业技术学院通过强化"科研的核心是育人"的共识，激发教师在教学中贯穿科学研究的全过程。

三、重视技能竞赛在科研育人中的作用

技能竞赛能够提升学生的动手能力，对于培养学生的创新能力有较大价值，是高职院校实施科研育人的重要途径。广东省各高职院校积极参加各级教育机构和行业举办的技能大赛。主要有全国职业院校技能大赛、"挑战杯"全国大学生课外学术科技作品竞赛、"创青春"全国大学生创业大赛、大学生"互联网+"创新创业大赛、"挑战杯——彩虹人生"全国职业学校创新创效创业大赛等。通过参加这些竞赛，学生在指导教师的带领下得到历练，不仅可以提高动手能力，更能够从竞赛中体验到勇敢拼搏、不轻言放弃的创新精神。

以第十六届"挑战杯"全国大学生课外学术科技作品竞赛为例，高职院校学生往往要面临学术功底远高出自身水平的对手进行竞争，因而获奖

并不容易。在该次比赛中，总共决出 1 212 项获奖作品，其中高职院校仅占 14 项。尽管如此，广东省各高职院校勇敢拼搏，最终荣获 4 项，在全国高职院校中占比高达 28.57%。

以深圳信息职业技术学院为例，该校大力推动"以赛促学、以赛促教"教学模式改革，形成了集中申报、统一规划、学校主办、院部承办的管理体系。2019—2020 年度，该校承办广东省职业院校技能大赛 4 项，学生获全国职业院校技能大赛、"挑战杯"、数学建模大赛等各项技能竞赛奖项达 113 项。在第十六届"挑战杯"全国大学生课外学术科技作品竞赛中，该校的作品《专为听力残障人士设计的助听转换器》荣获三等奖。

广州番禺职业技术学院于 2017 年 11 月参加由中国科学技术协会、教育部、中国社会科学院、中华全国学生联合会和上海市人民政府共同主办的第十五届"挑战杯"全国大学生课外学术科技作品竞赛终审决赛，学校选送了作品《一种基于复制现实技术的三场景同步机器人编程系统》。该作品是主要针对卫浴洁具行业喷涂工艺所研发的自动化设备。与传统的机器人编程方式相比，该发明使编程更简单快捷，与人工喷涂效果相差无几。解放喷涂行业工厂端生产力，远离尘肺类疾病。研发团队成员 9 名学生均为学校机电工程学院工业机器人研究班学生，他们在机电学院代慧老师的精心指导下，经过约一年时间研发所得，该作品获得第十四届"挑战杯"广东大学生课外学术科技作品竞赛特等奖，在此次全国大赛中获得三等奖。该研究班除以上获奖外，还获得过全国智能互联创新大赛二等奖、广东大学生"API 杯"电子设计大赛二等奖、全国大学生课外学术科技作品三等奖等。团队拥有发明专利 2 项，实用新型专利 9 项，软件著作权 2 项。

四、中专高职本科衔接，优势互补，精准科研育人

根据《国务院关于加快发展现代职业教育的决定》文件精神，职业教育应该包括高中、专科、本科和研究生几个阶段，还要有与职业教育特点相符合的学位制度。职业教育一体化有利于满足职业人才的学历提升需求，为部分学子提升学历提供了通道。高职与本科的衔接优势互补，有利于高职院校科研育人水平的提高。

广东科贸职业学院畜牧兽医专业与惠州工程技术学校、广东高州农业学校及肇庆市农业学校合作,面向初中毕业生,实行中高职衔接和三二分段一体化人才培养模式试点,打通中职、高职人才培养衔接。2016年,学院与仲恺农业工程学院联合开展2016年广东省三二分段专升本应用型人才培养试点,以"三二分段专升本应用型人才培养实验班"的名义,通过普通高考招收学生,与本校其他专业同批次录取,单独编班,招生人数为50人。"专本"衔接班"产教融合、专业对接、课程衔接、专本一体、协同育人"的总体思路,充分发挥本科院校的学科优势、师资优势与高职院校专业实训和行业企业资源优势,实现优势互补、资源共享,实现强强联手培养高素质技术技能型人才目标。到2017年9月,随着专本衔接班的第二年学生的入学,标志着畜牧兽医专业"中、高、本"衔接的职业教育人才培养成长体系进一步贯通和完善。

五、强化校内基础设施建设,为科研育人提供保障

首先,广东省各高职院校强调建设高速、稳定、畅通的校园网络。校园无线网络覆盖了教学区、办公区、操场、饭堂等公共区域。其次,建立了涵盖教学、科研、管理、服务的信息化平台,为全校师生员工提供了良好的信息化支撑。实现常用业务的自动化、无纸化。最后,强调智慧校园建设。以智慧服务为导向,推动融合创新。校内基础设施的智能化有利于科研育人的开展。

在这方面,深圳职业技术学院具有典型意义。学校自2018年11月开始,在校内率先搭建5G网络,目前5G基站(含宏站)已建成22个,主要楼宇建筑覆盖15个,实现室外5G信号100%覆盖,具备了开展5G+XR教学的基础条件。目前信息化管理实现了全面覆盖,数字化校园总体实现平稳运行,无重大故障,业务涉及行政办公管理、教务教学管理、招生就业管理、学生管理、顶岗实习管理、教学质量管理、网络课程及教学系统、教学资源库系统、数据管理系统、校园门户系统、网络及信息安全系统等多个方面。截至2020年,生均教学科研仪器设备值达到了44 048.33元。

第三节 新时代广东省高职院校科研育人存在的困境及挑战

当前,尽管广东省部分高职院校发展形势良好,在科研育人方面做出了突出成绩,但是也应该看到,总体而言,广东省各高职院校之间存在巨大差距,部分高职院校基础设施落后,"双师型"教师占比过低,校企合作深度不够等问题。同时,即使是一些发展较好的高职院校,也面临诸如难以跟上产业更新速度、学生素质参差不齐等带来的挑战。

截至 2021 年年底,广东省共有 88 所高职院校。本节将从广东省高职院校中根据办学性质、区域特点等指标进行分层抽样,抽取其中的 30 所高职院校进行比较分析。① 这些高职院校从区域上涵盖珠三角及非珠三角地区院校;从办学水平上涵盖省一流高职院校以及非省一流高职院校;从办学性质上涵盖公办院校和民办院校。样本抽取具有代表性,能够在较大程度上反映广东省高职院校的总体情况。

一、校企合作深度待进一步加强

校企合作是高职院校科研育人的重要环节。尽管广东省各高职院校进行了各种形式的尝试,也取得了许多成果,但是部分高职院校校企合作仍停留在表面,合作形式较为单一,难以体现科研育人在人才培养中的地位。从广东省高职院校发布的《广东省高等职业教育质量年度报告(2017)》

---

① 这 30 所院校分别为:佛山职业技术学院、广东工程职业技术学院、广东工贸职业技术学院、广东交通职业技术学院、广东轻工职业技术学院、广东食品药品职业学院、广州城市职业学院、广州番禺职业技术学院、广东科贸职业技术学院、深圳职业技术学院、顺德职业技术学院、中山火炬职业技术学院、中山职业技术学院、珠海城市职业技术学院、潮汕职业技术学院、东莞职业技术学院、广东碧桂园职业学院、广东机电职业技术学院、广东建设职业技术学院、广东理工职业学院、广东茂名健康职业学院、广州民航职业技术学院、广东水利电力职业学院、广州铁路职业技术学院、深圳信息职业技术学院、广东岭南职业技术学院、广东创新科技职业学院、广东环境保护工程职业学院、广东工商职业技术大学、广东酒店管理职业技术学院。

看，部分院校横向和纵向技术服务到款额及技术交易到款额均很低。这些数据在某些方面或许意味着部分高职院校校企合作在广度和深度上都有所不足。

校企合作难以深入往往表现为企业参与的积极性不高。出现"学校热、企业冷"的现象。其背后的主要原因是校企之间缺乏互惠共赢的利益机制。企业往往认为从当前高职院校中无法获得符合企业需求的高素质人才，也得不到发展所需的新技术，进而无法给企业带来收益。因此，一些企业往往只是把学生当作廉价劳动力，不愿主动承担高技能人才的培养工作，也未认真培养学生的科研创新能力。

二、校园科研条件难以满足科研育人需求

互联网、云计算、大数据等现代信息技术正改变着学校的教育教学工作，因此，各高校积极地进行信息化建设。但是，部分高校也存在建设滞后的情况，难以满足师生科研和学习需求。从抽取的 30 份 2021 年质量年报中的数据分析发现，2020 年，广东省各高职院校生均教学科研仪器设备值差距较大，最高为 49 128.3 元/生，最低仅 3 675.42 元/生，均值为 16 787.6 元/生。从地域和办学性质比较看，珠三角地区高职院校要显著好于粤东西北高职院校，公办高职院校显著好于民办高职院校。为了从时间上进行对比，本节抽取了上述院校 2018 年质量年报相关数据，分析发现，2017 年最高的为 34 224.39 元/生，最低的为 3 604.62 元/生，均值为 13 233.3 元/生。这表明尽管从总体上广东省高职院校拥有的科研设备条件较好，但是院校之间差距较大，部分偏远地区高职院校以及部分民办高职院校科研设备无法满足科研育人要求。

科研经费是实施科研育人的重要资金来源。广东省各高职院校积极开展横向技术服务、纵向科研申报以及开展技术交易等科研活动，科研经费持续增长。从抽取的 30 所高职院校质量年报看，2020 年，横向技术服务到款额平均为 604.94 万元，2017 年为 445.08 万元；2020 年，纵向科研经费到款额平均为 707.64 万元，2017 年为 474.08 万元；2020 年，技术交易到款额平均为 149.47 万元，2017 年为 126.09 万元。尽管如此，广东省各高职

院校间差距较为明显，个别院校的横向技术服务到款额、纵向科研经费到款额和技术交易到款额甚至均为0。部分院校薄弱的科研经费将制约该校科研育人的实施效果。

三、教师队伍结构与科研育人要求存在差距

师资队伍是高职院校创新强校，走内涵式发展的重要支撑。科研水平过硬、与产业保持密切联系的"双师型"教师队伍是实现科研育人的有力保障。广东省高职院校总体上有较为充足的教师队伍，从抽取的各高职院校质量年报分析看，2020年各高职院校生师比均值为15.61，优于规定的18这一标准。尽管如此，各高职院校内部还是存在巨大差距。2017年个别高职院校达到了21.56，超过规定的18标准；2020年个别高职院校这一指标仍然高达20.72。过高的生师比导致教师教学任务过重，不仅教学质量无法保证，而且无暇深入企业调研，开展科学研究，因而科研育人在高职院校人才培养中难以得到落实。从"双师型"教师占专任教师比例指标看，2020年，这30所高职院校的均值为75.33%，最高为100%，最低仅22.71%。2017年该指标的均值为65.53%，最高为85.38%，最低仅31%。上述数据表明，广东省高职院校"双师型"教师占比有所提升，但是院校之间差距较为明显，部分院校"双师型"教师队伍建设较为滞后。"双师型"教师是既具有理论教学水平，又具有较高专业技术技能和动手能力的复合型人才，"双师型"教师往往与业界联系更为紧密，过低的"双师型"教师比例往往导致科研育人难以得到切实的贯彻。

从当前的社会环境看，高职教师的科研成果社会认可度较低，成果发表难，这些因素必将打击高职教师从事科研工作的热情和积极性。由于部分高职院校校企合作流于表面，未能形成深度的科研合作，导致高职院校教师还是只能选择同学术性研究的高校教师争夺政府资助项目，但由于自身学术科研能力相对薄弱，成功率往往较低。另外，高职院校长期以来参照普通高校的科研模式，抹杀了高职院校科研工作的属性与特点，也让高职教师感觉长期处于科研弱势地位。

四、生源质量较低，招生途径多样化等带来挑战

为了提升高职院校招生自主性，贯彻《国务院关于深化考试招生制度改革的实施意见》（国发〔2014〕35号）、《广东省人民政府关于创建现代职业教育综合改革试点省的意见》（粤府〔2015〕12号）精神，广东省积极探索实施了多途径的招生机制，具体有普高招生、自主招生、学考招生、中高职衔接三二分段等。

多种招生机制，为高职院校选拔适合自身特色的生源提供了选择，有利于发挥高职院校能动性，也为学生提供了更多方式报考中意学校。所以，总体而言，这些制度有利于高职教育的发展。但是，如果从生源质量上看，对于高职院校人才培养上或许会构成一些挑战。首先，与本科教育相比，当前高职教育在家长和学生心中的认可度较低，生源质量总体上不高。近年来，随着高职院校普高招生数占总招生数额不断下降，就学习能力而言，生源质量有所下滑。[①] 其次，从招生的途径上来看，不同类型录取的学生在学习态度、性格、素质等方面往往存在一些差距，这对于日后高职院校开展教学和科研构成挑战。

第四节　新时代广东省高职院校进一步强化科研育人的途径

尽管高职院校在师资队伍、学生素质等各方面与本科高校比存在较大差距，但是仍然可以在科研方面有所作为。一些高职院校依据自身实际情况，充分发挥自身优势，立足于服务区域经济、服务地方经济，在技术革新、工艺改进及管理效率等实用性的问题上进行许多研究创新，获得了较大成功。

---

① 谢雪燕，胡晓燕，胡国兵. 多元化招生模式对高职教学质量的影响［J］. 内蒙古师范大学学报（教育科学版），2014，27（10）：94-95.

一、立足服务区域经济，校企协同科研育人

高职院校与区域经济联系最为紧密，拥有研究地方问题的天然优势，高职院校科研应该具有显著的地方特征，以地方问题为主要研究对象，关注地方支柱产业，开发科技产业，研究的成果真正服务于区域经济，增强社会技术创新与服务能力。高职科研服务区域经济，主要是指依靠学校的科研成果、技术力量和服务能力为区域经济发展提供智力与技术支持。在科研方面，高职院校应该考虑自身的特点与定位，与研究型大学的科研错位发展，结合区域经济发展需要及产业结构特点来开展科研工作，主要包括应用技术的转让、开发、咨询与服务，科技成果的转化与推广，特别是需要在企业生产管理一线中找难点、找课题，为企业解决生产实践中的存在的技术难题做出贡献，满足企业迫切的现实需求，实现高职院校专业人才培养与区域经济的精准对接。

通过强化科研育人功能，高职院校人才培养可以更好地对接企业和区域经济发展需求，为实现更高质量的人才培养，高职院校可以引导学生参与到科研和技术创新活动中来，开展基于工作过程的行动教学法，以探究式学习替代课堂讲授，推动高等职业院校与当地企业合作办学、合作育人、合作发展，鼓励校企共建以现代学徒制培养为主的特色学院，以市场为导向多方共建应用技术协同创新中心。深化校企合作发展，实现精准育人。

二、打造具备扎实科研育人能力的师资队伍

高职院校的科研育人离不开"双师型"教师队伍的指导。为提升高职院校教师的科研育人水平，主要做到以下几点。

首先，要打造互惠共赢共享的人才体系。一方面要鼓励中青年教师"走出去"，到企业生产管理一线去实践和历练，鼓励并支持他们开展面向企业一线的横向课题研究，在提升企业生产工艺和管理水平的同时，逐步提高教师分析问题和解决问题的能力；另一方面要"请进来"，聘请企业专家、技能大师或科研能力强的专业技术人才到科研团队中来，带动校内教师开展科研工作，带动学校科研的良性发展。

其次，鼓励和支持教师进行国内外学历提升或访学进修等活动。为拓宽教师研究视野，掌握国内外其他高职院校最新的高职教育理念，提高教师科学研究能力，应该大力支持教师开展国内外学习交流活动。

再次，在校内搭建学术平台，营造科研氛围。通过举办学术讲坛、学术沙龙等形式，定期邀请专家就项目申报、论文撰写、专利申请等方面开展培训，逐步培育教师科研能力，提高教师科研创新意识和学术研究能力。

最后，重视培育科研团队。构建优势互补、团结协作、相互提携的科研团队是提升高职院校科研能力、实现科研育人的重要途径。高职院校在科研团队管理中，可以根据专业特色建立各具特色的科研团队，根据专业需要组建大师工作室，制定科研团队内部帮扶制度等。

三、因材施教，激发学生投身科研的主动性

由于各种原因，高职院校学生学业成绩总体而言低于普通本科院校学生，但是这并不意味着创新能力更低。高职院校学生更愿意从事生产一线工作，如果校企双方能够共同培养学生的技术创新能力，高职院校的学生或许能够更加契合企业用人需求，在就业市场上更加具有竞争力。因此，高职院校学生完全可以并且很有必要进行科研能力训练。问题的关键在于找准定位，并充分激发学生的创造力。

在人才培养方案中，首先要把科研育人贯穿于校企深度融合之中，在教师的指导下，让学生参与企业一线技术改造，提升学生的创新能力。其次要举办多种形式丰富的校内科研活动。举办校内创新创业大赛，如科技节、学术讲座等。最后，应当鼓励学生参与教师的科技研发和技术服务项目，对有学生实质参与的项目应给予适当的政策优惠支持。

为应对多元化招生导致学生素质参差不齐的问题，在人才培养方案的制定上应该兼顾生源差异，制定更加灵活的课程体系，因材施教。对于理论学习兴趣不高，但是动手能力很强的学生来说，可以选择现代学徒制培养模式。对于那些善于表达、乐于挑战的学生来说，为他们提供创新创业的平台就显得尤为重要。而对于那些寻求进一步学历提升的学生，可以开设相应的课程，引导这些学生参与到教师的科研项目之中，提升自身科研水平。

在重视因材施教的同时，激发学生自主性和创造性同样具有必要性。首先，可以组织各类科技创新社团活动，丰富和活跃学生创新生活，培育形成创新的组织文化和场域文化。① 其次，在校内科技创新活动中，通过奖励学分、授予荣誉、颁发奖金等方式，使真正参与创新的学生得到学校认可、增强学生的荣誉感。

四、为科研育人提供政策和制度保障

首先，科研管理制度是强化科研育人工作的重要保障。高职院校要逐步建立和完善相关科研规范制度体系，使学校各项科研活动有规可依。随着社会对高职院校认可度不断提升，高职院校科研项目近年来增长迅速，为此，应该与时俱进，不断修订更新相关科研管理制度，设置相应的岗位，为学校科研育人提供制度保障。

其次，要建立科研成果评价激励制度和教科研绩效考核机制。为准确把握专业、产业发展方向，应建立和强化相应保障机制，引导师生深入了解企业需求，参与企业生产服务一线研发活动。适时根据市场对人才需求的变化调整人才培养方案，形成教学、科研、服务相互促进的良好机制。

最后，要激励师生参与相关科研项目，特别是校企合作的技术开发项目。校企合作的技术开发项目突出体现了高职教育的高等性和职业性，应该重点给予支持和鼓励。对于师生拥有自主知识产权的技术开发、产品设计、发明创造等成果应给以充分认可和必要的经费支持。

科研育人是职业院校"三全育人"的新突破、新方式，也是新挑战，如何通过科研工作这个载体更好地发挥育人的效果，是当前需要解决的重要问题。② 高职院校应当增强意识，牢固树立科研育人的工作理念，把科研和育人工作充分融合，通过健全评价体系、依托平台、建立科研助理机制，

---

① 方桐清. 高职院校科研如何承载育人功能 [N]. 中国教育报, 2017 - 10 - 31 (12).

② 林珊浠. 职业院校科研育人工作探析 [J]. 天津中德应用技术大学学报, 2021 (5): 17 - 20.

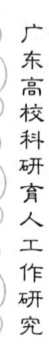

把育人工作贯穿于科研和学校工作的始终,把科研资源转化为育人资源,积极探索职业院校科研育人的长效机制,让学生不仅能够学到知识、掌握技能,还能学以致用、以德为先,真正成长为社会所需的综合人才,形成全面协同的育人局面。

第六章
完善高校科研育人的制度机制保障

高校科研育人的制度机制，既与科研管理体制有关，也与人才培养制度相关。① 目前，各高校普遍形成了"重科研，轻育人"的制度机制，人才培养工作面临着被边缘化的困境。诚然，这些制度机制的形成虽然有一定的合理性，但必须承认，这种制度机制将会导致高校的工作重心逐渐倒向科学研究，"育人"这一根本功能反而被忽略。事实上，虽然世界上许多顶尖大学都是研究型大学，但也有许多优秀的教学型大学。即使在一些世界知名的研究型大学中，育人工作也得到了充分重视。因此，我国高校都应认真反思科研工作的真正意义，树立正确的科研观和科研育人理念，反对为科研而科研、脱离育人谈科研的倾向。② 在此基础上，更为重要的是把育人工作作为科研工作的出发点和立足点，重新审视高校的科研管理体制与人才培养制度。

制度机制作为一种基础性、根本性的存在，对高校科研育人工作的成败具有至关重要的影响。近年来，许多高校都对科研育人的制度机制进行了改革，也取得了一定的成效。但总体上看，现行的高校科研育人制度机制仍存在一定弊端，始终束缚着高校科研育人的发展活力。大量事实证明，

---

①② 刘建军. 进一步重视科研在高校育人中的地位和作用 [J]. 中国高等教育，2015（6）：34-37.

高校科研育人的顺利开展离不开制度机制的完善与创新。只有进一步破除制约高校科研育人发展的制度性障碍，才能引领、保障高校科研育人活动的顺利推进。完善高校科研育人制度机制是一项复杂的系统工程，需要分别从动力机制、管理机制、评价机制、激励机制、教学科研融合机制、保障机制等方面入手，形成了一整套相互联系、相互协调的制度体系，共同提升科研育人质量。

第一节 高校科研育人的动力机制

众所周知，任何事物的发展都是许多力量要素共同驱动的结果，高校科研育人工作也不例外。要完善高校科研育人的制度机制，首先需要构建高校科研育人的动力机制。所谓的动力机制，可简单理解为促进事物运动、变化和发展的力量要素在相互关联状态下的作用机理与机制。高校科研育人的动力机制可分两大类：内在动力机制和外在动力机制。其中，内在动力机制包括利益驱动与愿景驱动两方面，外在动力机制包括政策驱动和实践驱动两方面。① 只有内在动力机制与外在动力机制共同作用，才能不断促进科学研究与人才培养相互融合，共同朝着互利共赢的方向和谐发展。

一、科研育人内在动力机制

高校科研育人的内在动力机制是指存在于科学研究与人才培养相结合各方内部的动力机制。探究高校科研育人的内在动力机制，以内在动力激发高校科研育人工作的顺利开展，具有重要的理论和实践意义。具体而言，高校科研育人的内在动力机制主要包括利益驱动和愿景驱动。

（一）利益驱动

利益是人的行为之源，是人的积极性的基础和根本动力。一旦缺乏利益的引导和驱动，人的一切行为将会停止。高校教师既是科研主体，同时也是育人主体，自然承担着科研育人的重任。为此，在科研育人过程中必

---

① 范五三，谢兴政. 新时代高校建构科研育人体系的动力机制［J］. 中国高校科技，2018（7）：41-43.

须坚持以人为本，以满足科高校教师的各种正当利益为出发点，使他们的利益在科研育人中都能得到实现。在此基础上，能否充分发挥高校教师在科研育人中的巨大作用，关键在于建立良好的利益机制，最大限度地实现与满足高校教师的各种正当利益，从而激发科研育人的积极性和主动性，真正落实科研育人。具体而言，首先要努力提升高校教师的薪酬待遇和生活水平，主动解除教师的后顾之忧，让其可以安心踏实地开展科研育人工作。众多事实表明，高校教师的薪酬待遇和生活水平提升后，高校教师的工作积极性就会增加，科研育人的质量也会随之得到改善。其次要努力创造条件满足高校教师的精神需求。高校教师由于文化层次较高，往往对自尊和信任、荣誉和成就、自我完善等精神方面具有较为强烈的需求。为此，在满足高校教师物质需求的基础上，还应满足高校教师的精神需求，从而进一步激发科研育人的积极性。

（二）愿景驱动

事物的发展，往往都需要愿景作为支撑和动力。高校教师作为科研与育人的主体，科研育人理念的贯彻与落实都离不开他们。为此，高校在践行科研育人过程中，要将科研育人理念内化为高校教师的共同愿景，不断提升科研育人的思想层次和价值境界。只有科研育人理念成为全体教职工的共同愿景，才能有效激发广大高校教师对科研育人理念的情感认同，才能更好地把科研育人理念融入日常的科研与教学工作之中，才能发挥出科研育人理念应有的价值和意义。各高校为帮助教师构建科研育人的共同愿景，一方面，通过多种形式广泛宣传科研育人理念，使全校教师理解和熟悉科研育人的具体内涵，从而为贯彻落实科研育人理念奠定基础。另一方面，定期召开以践行"科研育人"为主题的动员会议，鼓励全校教师积极参与，听取教师对开展科研育人的意见和建议，共同探讨科研育人理念，进而整合形成共识。

二、科研育人外在动力机制

高校科研育人的发展是一个复杂的系统工程，受到系统内外多个动力因素的影响。虽然内在动力机制是根本，但同时受到外在因素的影响，而这些因素也就构成了高校科研育人的外在动力机制。具体来说，高校科研育人的外在动力机制主要包括政策驱动和实践驱动。

（一）政策驱动

政府支持是高校开展科研育人工作的强大推动力。2017年，中共中央、国务院印发的《关于加强和改进新形势下高校思想政治工作的意见》，提出"教书育人、科研育人、实践育人、管理育人、服务育人、文化育人、组织育人"的"七育人"格局。其中，科研育人位居第二，这表明科研育人是高校育人工作中的重要一环。在此基础上，教育部于2017年年底发布了《实施纲要》，这是对《中共中央 国务院关于加强和改进新形势下高校思想政治工作的意见》精神的进一步深化。《实施纲要》中明确提出，要充分发挥科研育人功能，切实构建科研育人质量提升体系。可以说，上述两个文件指明了高校科研育人工作的方向、内容、载体、路径和方法，为在新时期开展科研育人工作提供了重要的指导。

（二）实践驱动

着力加强科研育人，离不开科研实践活动。为帮助本校师生顺利开展科研实践活动，各高校应积极搭建科研平台与构建科研实践基地，发挥科研平台和科研实践基地对科研育人活动的引导和推动作用。[①] 一是高校科研平台作为科研育人的重要阵地，长期以来一直聚焦学科前沿开展高层次人才培养与科学研究。在这一过程中，科研平台成为高层次人才培养和科学研究的最佳结合点。通过科研与育人之间的相互促进、相互支撑、有机联动、共同发展，不仅提升了学术科研水平，而且还促进了科研资源向教育资源转化。二是高校师生一方面能够利用科研平台与学科前沿接轨开展创新研究，另一方面还能够通过平台吸收先进学术文化氛围，全面提升科研兴趣与激发科研创新动力。三是很多科研平台都兼有一大批校内外科研实践基地，有利于进一步扩展育人空间，为高校师生走向科研前沿提供必需

[①] 陈金焕，程武，康向阳.发挥科研平台育人功能创新研究生培养模式：以北京林业大学"林木育种国家工程实验室"为例［J］.中国林业教育，2017，35（S1）：111-114.

的载体支撑。①

第二节　高校科研育人的管理体制

要建立运行良好的科研育人管理体制，除了需要将育人工作作为科研管理的核心环节外，更为重要的是建立和完善科研导师制，使其成为当前高校科研管理体制和人才培养制度的重要支撑。科研导师制的实施，主要以导师的科研项目为载体，通过充分发挥学生的科研积极性，不断强化创新思维和提升创新能力，从而促进创新型人才的培养。近年来，科研导师制在提升学生科研水平、为高校教师挖掘科研助手、培养学生创新能力等方面的优势日益凸显，有效促进了科研与育人融合。为进一步提升科研育人质量，加强学生科研能力和创新能力的培养，各高校应积极探索科研导师制的实施与完善。具体而言，应做好以下工作。

一、做好科研导师遴选工作

为保证科研育人质量，各高校应进一步加强科研导师队伍建设，切实做好科研导师遴选工作。要坚持以立德树人为宗旨，全面考察科研导师的政治素质、师德师风与业务素质，吸收德才兼备的中青年科研人员和教学人员，建立梯队结构合理的导师队伍。

二、实施全过程指导

为提升大学生的科研素质和能力，可为每位学生配备一名科研导师，并且在品德培育、学业规划，科研探索以及专业辅导等领域，均实施科研导师全过程指导。同时，科研导师还需要根据每位学生不同学习阶段的特点动态调整指导计划。

---

① 范五三，谢兴政. 新时代高校建构科研育人体系的动力机制［J］. 中国高校科技，2018（7）：41-43.

三、完善指导方式

高校应明确要求科研导师必须定期组织与开展科研指导课，并对指导时间的最低标准做出规定。在这一过程中，由科研导师选择合适的研究课题并引导学生围绕该课题进行深入研究。通过组织与开展科研指导课，不但可以让科研导师直接向学生传授科研方法和培养学生的自主研究能力，而且还能在潜移默化的过程中对学生开展学术与科研精神教育以及思想政治教育。

四、培养学生创新能力

首先，科研导师应以专业课为载体，通过引导学生深入了解本学科专业以激发学生的学习兴趣。其次，科研导师应尽可能地创造让学生参与科研辅助性工作的宝贵机会。再次，在结合学生个人基础与特点的基础上，科研导师应与学生共同制定具有个性化特征的研究能力培养方案。最后，科研导师应以毕业设计（论文）、学科竞赛、创新训练项目等为载体，鼓励学生在真实的科研情境中运用专业知识进行科研工作，进一步提升学生的创新能力。

第三节　高校科研育人的评价机制

考核评价作为"指挥棒"与"风向标"，是检验科研育人工作效果的关键环节。科学合理的评价机制可以显著增强科研育人参与者的积极性和责任感、有效促进科研育人工作顺利开展以及最终提升科研育人质量。通过在高校内部建立有效的评价机制，可确保科研育人工作落到实处，并不断检验、改进科研育人工作。因此，各高校应始终坚持育人为本，加快改革现行的科研业绩考核评价办法，在科研质量评价体系中增加对人才培养质量的考核，重点关注高校教师在科研过程中对人才培养的实际贡献。具体而言，各高校应加快建立与完善三个以科研育人导向并且相互关联的考核评价体系，即学生评价体系、教师评价体系、高校评价体系。

一、学生评价体系

学生评价体系的重要作用在于考察科研训练是否有效促进了学生科研能力和创新能力的培养。各高校应以此为出发点，构建科学的学生科研能力评价指标体系，着重从以下几个方面对学生的科研训练情况进行考察。[①] 一是参与科研课题情况。具体包括学生参与教师科研课题的情况、独立从事科研项目的情况，从事科研项目的工作时间、利用开放实验室平台进行科研的次数和时间、对科研项目疑难问题的解决是否做出一定的贡献等。二是参与课外科技活动情况。具体包括参加课外科技小组情况，参加科研竞赛、创意或设计竞赛的情况，参与学术讨论、学术报告和学术会议等情况。三是科研成果情况。具体包括发表论文的数量和质量、获取专利情况、提出独创性的思想和见解情况、学术活动中发言情况、参加竞赛的获奖情况等。四是学习科研知识与习得科研技能情况等。

二、教师评价体系

作为科研育人活动中最重要的主体，高校教师在科研育人过程中发挥着主导作用，为高校学生参与科研活动提供必要的指导和帮助。从这个意义上说，高校教师是否充分发挥指导学生从事科研活动的重要作用，与科研育人工作取得的成效密切相关。高校应当改革现行的教师考核评价体系，加快引入高校教师科研育人业绩考核评价体系，并通过评价的激励功能强化其科研育人工作的积极性。

由于教师的科研育人效果最终要通过学生体现，所以教师评价体系应以教师是否促进了学生科研能力和创新能力的培养为评价依据，重点考察学生在从事科研训练后取得的成效[②]：一是教师对学生科研训练的指导情况。主要包括指导学生的学习内容、科研育人投入的时间、尽责程度、指导方法的适切度等。二是教师对科研项目的管理情况。具体包括让学生在科研团队中担当什么样的角色，是否让学生使用科研经费，是否让付出劳

---

①② 张安富，张忠家. 中国高等教育质量和水平研究 [M]. 北京：高等教育出版社，2016：7.

动和做出贡献的参与者分享科研成果等。三是教师指导学生的效果。具体包括学生是否掌握了一定的科研方法和科研技能，掌握到什么程度，是否取得了一定的科研成绩，取得了哪些科研进步，是否已经具备了科研创新能力，具备哪些科研能力，等等。在此基础上，还要进一步加强对教师的科研育人表现进行量化考核。根据其所投入的时间、精力和成效计算工作量，或规定教师参加不同的科研指导活动、取得不同的成绩折算相应的教学或科研工作量，并将之作为教学评价、科研评价、职务（职称）评聘、评优奖励的重要依据。[1]

要按照中共中央、国务院印发的《深化新时代教育评价改革总体方案》的要求，探索建立科学的评价体系，引导评价工作突出科学精神、创新质量、服务贡献，推动高等学校回归学术初心，净化学术风气，优化学术生态，坚决克服重科研轻教学、重教学轻育人等现象，突出质量导向，重点评价学术贡献、社会贡献以及支撑人才培养情况，克服"唯论文"倾向，树立科研评价的质量和贡献导向，对论文进行代表作级别认定。评价重点是论文的创新水平和科学价值，或是对实际生产具有重要贡献和效果，比如所产生的技术和产品等。调整各类评定标准，完善科研激励体系，健全学术评价标准和科研成果评价办法。[2]

三、高校评价体系

高校自其诞生之日起就是一个以"育人为本"的机构，育人始终是高校的办学宗旨与根本任务。即使是以科研工作为主导的研究型高校，全部工作的根本要求，仍然是要坚持"育人为本"。科研育人作为一种新型育人方式，把教学与科研紧密联系在一起，是高校实现人才培养目标的重要途径。因此，高校应强化主体责任，把科研育人作为新时代学校建设改革发展的重点任务，全面提升办学质量和水平。作为评价、监督、保障和提升办学质量的重要手段，办学评估是我国高等教育质量保障体系的重要组成

---

[1] 李炎. 试论高校科研育人［J］. 山西科技，2018，33（5）：79-82，85.
[2] 王心如，张超. 高校科研育人的现实意义与路径探索［J］. 创新创业理论研究与实践，2021，4（14）：73-75.

部分。教育行政管理部门应将科研育人工作作为评估考核高校办学质量和办学水平的重要指标，加快把科研育人考核纳入教育教学、高校党建和领导班子评价体系。通过切实把科研育人纳入办学质量和办学水平评估考核的整体架构来考量，有助于推动高校树立正确的办学理念和加强科研育人工作，从而有效提升高校科研育人质量。

第四节　高校科研育人的激励机制

激励机制是增强教师科研育人积极性，促进高校科研育人工作的重要制度。因此，要实现科研育人，需要建立一套有效的激励机制。目前，我国高校对教师的激励机制仍然存在着以科研为主导的根本问题，并且这一问题有愈演愈烈的趋势。为此，如何构建一个以科研育人为导向的激励机制，引导高校教师积极开展科研育人，已成为理论与实践关注的重点。激励机制的构建，需要从以下多个方面着手。

一、建立和完善科研育人表彰奖励机制

各高校要将在职称评定、职务晋升、绩效分配、评优评先、人才遴选推荐等方面增加对教师科研育人的要求，把科研育人考核评价结果作为高校教师职称评定、岗位聘任、职务晋升、评优评先的重要依据。同等条件下，对于科研育人表现突出的教师，在职务（职称）晋升和岗位聘用、骨干教师等各类人才选培中优先考虑。定期做好各类科研育人评选表彰活动，发挥好先进典型的激励引导作用。经费充足的高校可设立科研育人工作奖励基金，专项用于科研育人工作的物质奖励。

二、建立科研育人约束惩处机制

"奖惩并重"是实施激励机制、提升激励效果的重要途径。只有激励没有惩罚，只能唤起一部分激励对象的积极性和对科研育人的参与意识。因此，在科研育人中构建激励机制既要运用和推广以奖励为主的正面激励，也要适当引入以惩戒为主的负面激励，也就是惩罚措施。对于没有认真投

身甚至从不投身科研育人活动的教师,可采用在一定范围内通报批评等方式进行警示与惩罚。

第五节 高校科研育人的教学科研融合机制

高等教育发展过程中大量的实践证明,任何"重科研,轻教学"或"重教学,轻科研"的做法都会大大影响人才培养的质量。科研和教学作为人才培养的两种重要方式,只有将二者有机结合并妥善处理好双方的平衡关系,才能形成相互支撑、相互促进的良性循环,共同提升人才培养质量。因此,必须正确处理好教学活动与科研活动之间的辩证关系,构建"以教学带科研、以科研促教学"的教学科研融合机制。①

高校教学科研融合的方式主要包括以下两种:第一种是高校内部教学活动与科研活动之间的融合。② 其中,"教"指教学活动,"科"指科研活动。第二种是高等院校与校外科研机构之间的融合,即科教机构之间的融合。其中,"教"指高等院校,"科"即科研院所。目前,我国高校教学科研的深度融合还处于探索阶段,绝大部分的教学科研融合仍然局限于高校内部,即使有个别高校与科研院所实行科教结合、协同育人,但仅停留在表层,深层次的合作不多,且内容单一。

当前,我国高校普遍存在着追求建设"双一流"与高水平研究型大学的现象,并由此引发了一系列由于过分强调科研工作而忽视教学工作的新问题。为加快推动高校内部教学科研深度融合,应加快探索科研反哺教学的新机制,使教学与科研之间的通道被彻底打通,利用优先发展起来的科研活动为发展相对落后的教学活动提供有效的帮助,从而促进教学活动与科研活动共同发展。具体而言,包括以下三大方面。

---

① 陈兆涛,李洪. 论高校教学科研融合机制建设[J]. 山东省青年管理干部学院学报,2008(3):74-76.

② 齐勇,王崇臣. 科教融合视域下拔尖创新人才培养模式的实践与探索[J]. 北京教育(高教),2017(7):133-136.

第六章 完善高校科研育人的制度机制保障

一、探索科研反哺教学的新机制

应加快构建科研反哺教学的新机制，加大科研反哺教学力度，通过形式多样的科研实践活动，将科研优势转化为教学优势，将最新科研成果及时转化为教学内容。

首先，加快科研成果转化利用。鼓励教师结合自身的科研优势，将最新的科研成果编入教材和课程以改进教学内容，促进教学知识更新，支持科研成果科普展示。鼓励教师将最新科研成果运用于教学实践，支持和指导学生参加科技创新与创业实践活动，进一步促进科研成果的延续、转化和再生。倡导教师在教学过程中与学生共同探索科学知识，开展研究型教学。鼓励教师在教学过程中把从事科研工作的收获体会通过各种方式（如课堂讨论和案例分析等）传授给学生，培养学生的学习能力和科研素养。①同时，鼓励科研人员将科研课题的相关经费用于购买仪器设备用于本课程教学，改善教学条件和环境。

其次，建立学生参与教师科研课题制度。探索实施科研项目课程，建立健全学生通过科研活动获得学分的制度体系，引导和鼓励学生参与课题研究、课外学术科技实践等各种类型的科研活动，从而达成培养学生探究能力与创新能力、创造性思维和批判性思维的最终目标。

再次，打通教学和科研平台。推动高水平科技创新平台和科研基地向学生开放，搭建师生科研交流平台，拓展科研教学互动空间，为学生参与科研创造条件，推动学生早进课题、早进实验室、早进团队，培养学生集体攻关、联合攻坚的团队精神和协作意识。

最后，建立科研反哺教学的评价和激励机制。建立整套的考评机制，制定与完善专业建设、课堂教学、课程建设、实践教学等重点教学环节的质量标准，并对科研反哺教学的各环节进行质量评价。② 制定奖励措施，加

---

① 刘绍丽，马座山. 地方应用型高校"科研反哺教学"的实施策略探索 [J]. 产业与科技论坛，2018，17（7）：145 – 146.

② 张明斗，莫冬燕. 基于应用型高等教育的科研反哺教学策略研究：兼论高校教学评价制度 [J]. 许昌学院学报，2017，36（3）：145 – 149.

强对学科竞赛获奖指导教师的奖励力度。鼓励科研工作与教学工作相结合,通过采取正向激励和负向激励相结合的方式,实现"以教带研,以研促教,教研相长"的理想目标。鼓励教师结合自身的科研优势,将最新的科研成果编入教材和课程,促进教学知识更新以及科研成果的延续、转化。鼓励教师在教学过程中,把从事科研工作的收获体会通过各种方式(如言传身教、课堂讨论和案例分析等)传授给学生,从而培养学生的学习能力和科研素养。①

二、与国内外高水平研究院所建立协同育人机制

为凝聚科研育人更强大合力,应与国内外高水平科研院所加强交流和合作,充分发挥国内外高水平研究院所育人功能。为此,高校应与国内外高水平研究机构建立协同育人机制,并以培养目标协同机制、教师队伍协同机制、资源共享协同机制、管理服务协同机制为重点突破方向,努力实现高水平科研与高质量育人的良性循环。大力实施"走出去"战略,鼓励师生参加国际学术会议、赛事和中短期交流项目,拓宽师生国际化视野。积极开展"引进来"战略,邀请国内外的著名科研机构与高水平专家学者来校授课与进行专题报告,传授学科与专业的前沿动态和最新科研成果及其应用,通过学术交流传播科学理念与弘扬科学精神,携手高校共同提升科研育人水平。

第六节 高校科研育人的保障机制

保障机制是指为科研育人的顺利进行,取得预期效果而采取的一系列措施、创造的有利条件的总称。具体来说,科研育人保障机制包括政治引导机制、组织保障机制、沟通协调机制、质量保障与监督检查机制、师资保障机制、经费保障机制、宣传机制等七大方面。

---

① 刘绍丽,马座山. 地方应用型高校"科研反哺教学"的实施策略探索[J]. 产业与科技论坛,2018,17(7):145-146.

一、政治引导机制

高校思想政治工作关系着"培养什么人、怎样培养人、为谁培养人"这一教育根本问题。习近平总书记指出:"古今中外,每个国家都是按照自己的政治要求来培养人的,世界一流大学都是在服务自己国家发展中成长起来的。我国社会主义教育就是要培养社会主义建设者和接班人。"为牢牢把握科研育人的正确思想政治方向,高校应全面贯彻党的教育方针,落实立德树人根本任务,以理想信念教育为核心,以社会主义核心价值观为引领,将思想政治工作贯穿科研育人全过程,切实做到把思想政治教育和科研育人相融合。具体来说,可从以下几个方面入手。

一是强化科研思想价值引领。把习近平新时代中国特色社会主义思想和社会主义核心价值观融入选题设计、科研立项、项目研究、成果运用全过程。① 在科研团队组建和人员选拔中坚持思想政治素质要求,重点考察科研人员的思想政治表现,全面推进思政工作进科研团队。加强科研导师思想政治理论学习,提升科研导师开展思想政治教育意识和能力,引导科研导师做社会主义核心价值观的坚定信仰者、积极传播者和模范践行者,切实发挥科研导师在学生思想政治教育中的重要作用。

二是加强学术道德建设。推进学术诚信建设常态化、制度化,积极构建集教育、预防、监督、惩治于一体的学术诚信制度体系,强化对学术道德规范情况的监督和对违反学术道德行为的处理。扎实开展师生学术规范和学术道德教育,把学术道德和学风建设贯穿人才培养全过程。组织专家编写师生学术规定与学术道德读本,开设相关专题讲座和相应公选课程。强化学术规范训练,规范学术行为,坚决杜绝数据造假、论文抄袭等学术不端行为。定期组织师生开展学术规范自查自纠和科研诚信警示教育,遏制学术研究、科研成果的不良倾向。持续开展科学道德和学风建设宣讲教育,营造良好的学术和科研氛围。健全高校两级学术道德监督委员会,完善学术不端行为的举报、核查、申诉和惩处制度。

---

① 范五三,谢兴政. 新时代高校建构科研育人体系的动力机制[J]. 中国高校科技,2018(7):41-43.

二、组织保障机制

要顺利开展高校科研育人工作，必须在组织的正确领导下，把科研育人纳入学校重要议事日程和年度工作计划，不断探索与完善组织保障机制。具体而言，主要包括以下三个方面：一是成立校内科研育人组织管理小组。要建构统一领导、结构完善、运转有效的组织管理机制体制，组建科研育人组织管理小组，集聚校内一切资源合力推进科研育人工作，统筹管理科研育人工作推进过程中的相关工作。二是完善组织管理体制。要建立学校党委统一领导，科研管理与教务部门齐抓共管、各行政部门协作联动和各学院具体落实的组织管理体制。在开展工作的过程中，应定期召开专题会议，讨论如何加强各部门之间的联系与配合，引导各部门将工作的重点和目标落在科研育人效果上，共同提升高校科研育人质量。三是建立"三级"科研育人责任制度。形成分工明确的校、院、系权责划分。学校负责统筹全校科研育人改革的总体思路和总体方案，并据此制定相应的制度和政策以及做好科研育人的组织协调与条件保障工作，从制度上巩固科研育人的重要地位。学院是科研育人工作方案制定与实施、科研育人模式改革的主体。系（专业）是组织教师开展科研育人的基本单位，负责科研育人任务落实。

三、沟通协调机制

科研育人是一项复杂、艰巨的整体性和系统性工程，涉及高校内外诸多部门，需要各部门密切联系和加强配合。一是建立常态化的沟通协调机制。高校各部门要进一步加强沟通和协调，及时交流解决科研育人过程中遇到的重要问题，共同推进科研育人工作落实。二是加强科研育人工作的研究交流。各高校应加强领导与教师、教师与教师、教师与学生之间的沟通交流，及时发现科研育人工作中存在的问题并积极寻求解决方案，定期举办科研育人经验交流会、座谈会、研讨会，及时总结科研育人的经验教训和促进科研育人成果推广。同时，各高校也应大力鼓励与支持高校之间科研育人工作的有效衔接与密切配合，共同推动高校科研育人质量的有效提升。

四、质量保障与监督检查机制

为提高科研育人工作质量,高校应加快建立健全质量保障与监督检查机制。一是建立自我评估机制。自我评估,其本质是自我发现和自我改进的过程。高校应高度重视科研育人工作的自我评估,把自我评估作为提升科研育人质量的主要抓手,定期开展科研育人工作质量自我评估。围绕存在的突出问题,认真分析,查找原因,及时提出解决的方案和措施。二是落实督导检查机制。督导检查是提升科研育人工作质量的另一种重要形式,对查找科研育人工作中的纰漏,改善和提高科研育人效果都非常必要。相关主管部门应建立健全督导检查制度并形成规范的运行机制,采取全面检查、抽查等多种形式,定期对高校科研育人推进情况进行督导检查。强化高校教师科研育人的责任意识和质量意识,对于未能履行科研育人职责的高校与教师,相关主管部门应视情况给予相应处理。

五、师资保障机制

育人大计,教师为本,加强师资队伍建设是提升科研育人质量的根本所在。为保障科研育人工作成功,要以打造高水平师资队伍为重点,努力建设一支数量充足、结构合理、素质优良、充满活力的师资队伍。

一是充实师资队伍和优化师资结构。坚持引育结合,实施灵活多样的选聘方式,加大领军人才、高层次人才、优秀青年教师和创新团队的引进和培养力度。深入实施"名师返聘"计划,充分发挥学术带头人和学术骨干专业培训、学术引领、教学指导、团队建设等方面的"传、帮、带"作用,帮助青年教师迅速提升科研育人水平。围绕重点学科、重点实验室(中心)和科研平台、特色优势研究领域建设,加快培育高水平教学科研团队。注重发挥团队负责人在团队建设中的主导作用,切实调动团队成员的主动性和积极性,提升团队的凝聚力和创造力。充分发挥团队建设的示范带动作用,建立健全个人与团队协同发展的教师成长模式,推进教师教学水平的整体提升。

二是提高教师科研育人的意识和能力。建立长效培训机制,加大高校教师培养力度,以提升教师科研育人能力为重点,积极组织、鼓励和支持高校教师参加宣讲会、交流会、现场会、专题学习活动等多层次、全方位的培训活动，增强教师科研育人意识和掌握科研育人方法，促进高校教师更好地开展科研育人工作。

三是加强教师的师德师风建设。健全师德建设长效机制，引导广大教师以德立身、以德立学、以德施教。完善师德考核办法，健全师德考评机制，把师德表现作为教师绩效考核、职称（职务）评聘、岗位聘用和奖惩的首要内容。推行师德考核负面清单制度，建立教师师德档案。高校教师有师德禁行行为的，师德考核不合格，并依法依规分别给予相应处分，实行师德"一票否决"。适时开展师德师风标兵评选活动，用师德师风典型案例诠释师德师风内涵，切实增强师德师风教育效果。

六、经费保障机制

构建科研育人经费投入长效机制，是高校开展科研育人工作的基本前提和根本保障。科研育人作为一种手段，其目的是提高人才培养质量，合理又充足的经费保障显得尤为重要。为此，高校应设置科研育人专项经费，为科研育人系统工程的深入推进提供必要的经费保障。统筹安排好用于科研育人的专项经费，制定行之有效的资金保障制度，切实保障好科研育人专项经费的到位和充足。同时，在经费的来源上应坚持多渠道筹集、多途径弥补，避免仅依靠高校投入。各高校应积极争取社会力量支持，吸引社会各界增加对科研育人的投入，多渠道筹集科研育人经费。

七、宣传机制

浓厚的科研育人氛围有助于引导和激励广大教师牢固树立科研育人这一科学理念，推动广大教师积极实施科研育人。各高校应加快构建科研育人长效宣传机制，广泛开展科研育人宣传活动，大力宣传科研育人工作的重要性、必要性，进一步激发高校教师科研育人的热情。同时，要充分发挥榜样的引领示范作用，精心挖掘和培育科研育人典型案例，着力宣传在科研育人领域取得突出成效的优秀教师事迹并对其进行表彰，积极推广科研育人的好经验、好做法，为广大高校教师树立可敬、可学的典型，营造支持和鼓励科研育人的良好氛围。

参 考 文 献

[1] 林珊湉. 职业院校科研育人工作探析 [J]. 天津中德应用技术大学学报, 2021 (5): 17-20.

[2] 王心如, 张超. 高校科研育人的现实意义与路径探索 [J]. 创新创业理论研究与实践, 2021, 4 (14): 73-75.

[3] 杨兆强, 翟家慧. 高校科研育人的内涵、特征及价值 [J]. 中国农业教育, 2021, 22 (3): 67-73.

[4] 杨兆强. 三十余年来我国科研育人研究的总体状况、进展及趋势: 基于 CNKI "科研育人" 论文 (1988—2020 年) 的统计分析 [J]. 继续教育研究, 2021 (6): 143-149.

[5] 钟秉林, 翟雪辰. 现代大学的社会责任及其边界拓展 [J]. 国家教育行政学院学报, 2021 (4): 3-10.

[6] 刘在洲. 高校科研育人的内涵、特征与实践方略 [J]. 思想理论教育, 2021 (3): 106-111.

[7] 魏舶, 杨亚庚. 科研育人逻辑下高校研究生思想政治教育研究 [J]. 学校党建与思想教育, 2021 (4): 59-61.

[8] 黎桦. "三全育人" 背景下科研与教学协同育人机制融合研究 [J]. 湖北第二师范学院学报, 2021, 38 (1): 92-96.

[9] 骆郁廷, 余晚霞. 科学家精神融入思想政治教育刍议 [J]. 思想理论教育, 2021 (1): 98-102.

[10] 张亚光, 曾丹旦. "三全育人" 视域下高校科研育人探究 [J]. 学校党建与思想教育, 2021 (1): 91-93.

[11] 刘在洲, 李小平. 大学科研育人的发生学分析 [J]. 现代大学教育, 2020, 36 (5): 1-8.

[12] 曾勇,张纯姑,封顺. 新时代高校科研育人存在的问题与对策 [J]. 教育教学论坛,2020(34):81-82.

[13] 刘香菊,刘在洲. 大学科研育人的价值意蕴与作用机理 [J]. 高等教育研究,2020,41(8):73-81.

[14] 高玄. 高校科研育人的困境及实现路径探析 [J]. 黑龙江教育(理论与实践),2020(6):57-58.

[15] 尹万东. 高校科研育人:价值、意蕴、问题与机制 [J]. 北京化工大学学报(社会科学版),2019(4):75-81.

[16] 刘在洲,谢晨霞,刘香菊,等. 大学科研育人现状、问题与对策:基于H省4所高校的调查 [J]. 高等教育研究,2019,40(6):79-85.

[17] 王定华. 习近平总书记关于教育的重要论述之落实方略 [J]. 教育研究,2019,40(6):4-15.

[18] 李小平,刘在洲. 大学科研的本质特征及其育人意蕴 [J]. 高等教育研究,2019,40(5):70-75.

[19] 潘广炜,赵亚楠. 关于"科研育人"对提升研究生思想政治教育质量的思考 [J]. 学校党建与思想教育,2019(1):69-71.

[20] 李炎. 试论高校科研育人 [J]. 山西科技,2018,33(5):79-82,85.

[21] 周光礼,周详,秦惠民,等. 科教融合 学术育人:以高水平科研支撑高质量本科教学的行动框架 [J]. 中国高教研究,2018(8):11-16.

[22] 杨萍. 新时代高校科研育人问题与途径探析 [J]. 宁波教育学院学报,2018,20(4):27-30.

[23] 肖忠祥,杜永峰. 教学研究型大学教科研一体化协同育人机理研究 [J]. 现代教育科学,2018(8):36-40.

[24] 裴正兵,田彩云. 高校教师科研成果转化教学案例意义、基础与模式研究 [J]. 高教学刊,2018(17):82-85.

[25] 蒋文娟,张淑林. 构建科教结合协同育人的保障机制 [J]. 中国高校科技,2018(8):33-36.

[26] 魏强,李苗. 高校科研育人论析 [J]. 思想理论教育,2018

(7): 97-101.

[27] 范五三, 谢兴政. 新时代高校建构科研育人体系的动力机制 [J]. 中国高校科技, 2018 (7): 41-43.

[28] 周光礼, 姜嘉乐, 王孙禺, 等. 高校科研的教育性: 科教融合困境与公共政策调整 [J]. 高等工程教育研究, 2018 (1): 88-94.

[29] 王静, 李俊秀. 科研育人: 高等教育变革的动力 [J]. 中国成人教育, 2017 (8): 30-32.

[30] 万里鹰, 万紫涵. 科研育人对大学生创新能力和素质提升的研究 [J]. 大学教育, 2017 (2): 145-146.

[31] 刘秋霞. 基于"育人"功能的高等学校科学研究评价标准的思考 [J]. 华北电力大学学报 (社会科学版), 2016 (6): 128-130.

[32] 陈明. 职能互补: 大学"科研"对"育人"的促进作用 [J]. 湖北师范学院学报 (哲学社会科学版), 2015, 35 (5): 148-151.

[33] 刘建军. 进一步重视科研在高校育人中的地位和作用 [J]. 中国高等教育, 2015 (6): 34-37.

[34] 刘贵杰, 谢迎春, 张庆力. 科研在高校创新型人才培养中的作用 [J]. 教育教学论坛, 2015 (10): 87-89.

[35] 钟秉林. 人才培养模式改革是高等学校内涵建设的核心 [J]. 高等教育研究, 2013, 34 (11): 71-76.

[36] 韩继伟. 从洪堡理论到博耶观点: 高校教学与科研互动关系刍议: 以我国高校历史教学与科研关系为例 [J]. 教育文化论坛, 2013, 5 (5): 86-89.

[37] 段洪波. 以人才培养为导向的高校科研评价改革探析 [J]. 中国高教研究, 2013 (5): 74-77, 103.

[38] 金祥雷, 赵继. 推进高校与科研院所合作 构建科教协同育人平台 [J]. 中国大学教学, 2013 (5): 21-22.

[39] 陆锦冲. 高校科研育人: 内涵·方向·途径 [J]. 高等农业教育, 2012 (9): 3-5.

[40] 周光礼, 马海泉. 科教融合: 高等教育理念的变革与创新 [J].

中国高教研究，2012（8）：15-23.

[41] 任燕红. 大学功能的整体性及其重建[D]. 重庆：西南大学，2012.

[42] 王李金，杨彩丹. 转变观念 强化科研育人理念[J]. 中国高校科技，2012（1）：20-23.

[43] 王亚南. 大学理念的发展、功能及其当代启示[J]. 南京师大学报（社会科学版），2009（3）：97-105.

[44] 刘春惠. 试论大学功能的扩展[J]. 大学（研究），2007（12）：81-86.

[45] 周川. 从洪堡到博耶：高校科研观的转变[J]. 教育研究，2005（6）：26-30，61.

[46] 柯文秀. 科研育人：高等教育的必要环节[J]. 株洲工学院学报，2004（3）：123-124.

[47] 崔明德. "科研育人"论纲[J]. 烟台大学学报（哲学社会科学版），2001（2）：220-225.

[48] 李淑清. 教学育人、科研育人和教改育人[J]. 牡丹江师范学院学报（社会科学版），2000（6）：78-82.

[49] 骆郁廷. 略论科研育人[J]. 高等教育研究，1997（3）：71-74.

[50] 柳太平. 论高校科研的育人功能[J]. 思想理论教育，1995（3）：55-57.

[51] 金耀基. 大学之理念[M]. 北京：生活·读书·新知三联书店，2001.

[52] 任旭东，马国建. 新时代高校科研育人理念与实践[M]. 镇江：江苏大学出版社，2021.

[53] 黄秋燕. 教学型地方高校遥感课程教学与科研互动模式探索[J]. 高教论坛，2008（5）：74-76，92.